桃乐工作室 / 编著

写给少年的

中华上下五千年

上

哈尔滨出版社
HARBIN PUBLISHING HOUSE

图书在版编目（CIP）数据

阅想天下：写给青少年的中华上下五千年：全3册 /
桃乐工作室编著. — 哈尔滨：哈尔滨出版社，2017.6
　　ISBN 978-7-5484-3117-6

　　Ⅰ.①阅… Ⅱ.①桃… Ⅲ.①中国历史–青少年读物
Ⅳ.①K209

中国版本图书馆CIP数据核字（2017）第023557号

书　　　名：**阅想天下——写给青少年的中华上下五千年（上）**

作　　　者：桃乐工作室　编著
责任编辑：姚春青　王　丹
责任审校：李　战
封面设计：殷　舍

出版发行：哈尔滨出版社（Harbin Publishing House）
社　　　址：哈尔滨市松北区世坤路 738号9号楼　　邮编：150028
经　　　销：全国新华书店
印　　　刷：湖北卓冠印务有限公司
网　　　址：www.hrbcbs.com　　　www.mifengniao.com
E-mail：hrbcbs@yeah.net
编辑版权热线：（0451）87900271　87900272
销售热线：（0451）87900202　87900203
邮购热线：4006900345　（0451）87900345　87900256

开　　　本：787mm×1092mm　　　1/16　　　印张：68　　　字数：750千字
版　　　次：2017年6月第1版
印　　　次：2017年6月第1次印刷
书　　　号：ISBN 978-7-5484-3117-6
定　　　价：138.00元（全3册）

凡购本社图书发现印装错误，请与本社印制部联系调换。服务热线：（0451）87900278

前 言

　　巍巍华夏,五千年兴衰荣辱,沧桑巨变,历经多朝多代的更替,形成了华夏民族耀眼独特的历史文化。中华民族五千余年的历史源远流长,见证着华夏民族祖先的伟大创造力,凸显着华夏人民无边的智慧。强大的民族世代繁衍,生生不息。

　　远古时期的神话传说,夏商西周的民族崛起,春秋战国的硝烟弥漫,汉朝的文化传承,三国、两晋南北朝的纷繁乱世,唐宋时期的文化大发展,清朝时期的康乾盛世以及百年屈辱,其中的历史人物与历史事件,一幕幕展现在我们眼前。无数的英雄豪杰,无数的仁人志士,为历史的发展做出了极大的贡献,推动了社会的进步。

　　中华民族的勤劳、智慧和勇敢深深地刻印在华夏子孙的骨血中,一代代地传承下来。我们的祖先创造出了辉煌的民族文化,许多政治家、思想家、教育家、军事家、科学家以及文学家,均为这段历史添上了浓墨重彩的一笔。这些历史故事,是后人了解历史的直接渠道,是历史变迁的重要见证。马克思曾经说过,"历史就是我们的一切。它反映人类改造自然、改造社会、不断推进文明进步的历程。今天的世界是过去世界的继承和发展,如果割断历史,就不能全面地、正确地理解现实和展望未来"。

本书按照历史发展的顺序，以朝代更替为线索，叙述历史故事，完整再现中华上下五千年的璀璨历史，让读者进一步地了解历史，感叹古人的智慧和伟大，真正地了解自己的民族，真切地感受中华民族传统文化的精华。

　　通过《阅想天下——写给青少年的中华上下五千年》，我们将更加深入地认识历史，解读历史，从而把握好今天，共创祖国美好的明天。

编　者

目 录

战国七雄

三国乱世

两晋·南北朝

远古时期

盘古开天地

　　中国人一直将自己称为"炎黄子孙"，炎帝和黄帝被认为是我们中国人的祖先。各种著作中的记载显示，我国的开端源于黄帝。历史从黄帝的出现发展到如今，历经四千多年，因此，我们常常称之为"上下五千年"。

　　中国是世界四大文明古国之一，也是唯一一个延续至今没有覆灭的古国。我国的历史源远流长，在长期的历史发展进程中，也发生了很多精彩的故事，这些故事引人深思，具有极强的教化意义。

　　远古时期的人类没有如今的各种高科技，他们也无法利用高科技来探索世界。但是，远古时期的人类也对这个世界充满好奇，他们时常会想，人到底是从哪儿来的？这个供他们生活的世界又是怎么出现的？这也就给了他们探索世界起源的动力。渐渐地，开始出现了很多关于世界起源的故事。在这些不同版本的故事中，中国人比较信服的就是盘古开天辟地。

　　中国的神话故事里说，天地还没有形成时，世界处于一片混沌之中，没有东南西北之分，也没有太阳和月亮，世界就像是一个光秃秃的圆鸡蛋。而在这样的世界中心位置，则沉睡着一个伟大的生命，他就是盘古。盘古历经上万年的沉睡后，终于苏醒。他刚一醒来的时候，发现周围没有任何光亮，世界也十分混沌。他随手一抓，就在这个混沌的世界中抓到了一把随他一起孕育出来的斧头。于是，他举起这把斧头，用力地向上砍。随后，发出一阵震耳欲聋的声音。在这阵声音中，轻飘飘和干净的东西都向上升去，形成了天；而沉重和浑浊的东西则向下降，形成了地。但是，盘古担心天地有一天会重新合在一起，就用自己的身躯来支撑天地，最终天地之间的距离达到了九万里，已经无法合在一起了，盘古也因筋疲力尽而倒地。

盘古死之后，他的眼睛幻化为日月，血液幻化为江河，身躯幻化为高山，毛发幻化为森林和草原，他所呼出的气，也幻化为清风和云雾……自此，世界有了光明，也有了生命。

女娲造人补天

天地形成之后，女娲（wā）在这个新的世界中散步。她看到大地一片绿油油的景象，河流有目的地奔流，鱼儿在水中跳跃，悬崖边垂着长长的藤蔓，到处都是一片生机盎然的景象。但是，她走了很久，都没有一个与她相似的族类，渐渐地，她感到很寂寞。

一天，女娲走到一个湖边。她低下头，在水中看到了自己的倒影，于是她想，为什么不按照自己的样子，做出自己的同类来呢？旋即，她开始收集泥土，并用这些泥土来捏小人儿。然后，她用自己的神力，对着小人儿吹气，这些小人儿一下就复活了，开始蹦蹦跳跳，能说能笑，围着女娲吵吵嚷嚷，女娲就叫他们为"人"。有他们陪伴，女娲开始觉得不寂寞了。但是，她捏泥人的速度太慢，而这个新世界太大，所以，她就随手折了一个藤蔓，沾着泥土，向四面八方一挥，散落的泥点就变成了一个个的人。接着，女娲又开始教他们如何生活。从这开始，世界上就有了灵长类的生物——人。

在天地刚刚分开，还不够稳定的时候，突然在一天晚上，天空塌陷了好大的一块。这个漏洞的出现，使得天空无法完整地包裹着大地。由于天空的塌陷，大地也被震动，随之出现了很多裂痕，江河水位上涨，洪水肆虐，山林也被大火侵吞，森林中的凶残动物开始捕食人类，天地一片混乱。

女娲看到自己创造的人类受苦，悲痛万分。于是，她开始想办法在群山中寻找天台山，这个上古的仙山。并想办法从天台山上获得五色土，利用五色土来炼制补天石，以补天空上出现的大洞。女娲在获得五色土后，又取来了太阳神火，在将五色土炼制整整九天九夜之后，最终炼制出了补天石。随后，她拿着补天石终于将天空的漏洞补上。但是，有一块却没有用上，最终被放在了天台山上。

女娲将天补完后，用神鳌（áo，传说中大海里的大龟或大鳖）的四肢作为擎天柱，支撑着四极。同时，她利用芦苇的灰烬（jìn）将山洪制止，杀死了凶恶的黑龙，将凶恶的动物赶回了山里。终于，人类的生活又恢复到了安定的状态。

燧人氏钻木取火

远古时代，人们的生活环境与现在有着很大的区别。人们需要不断与自然界对抗，才能够存活。在与自然界的对抗中，人类也开始进步，开始懂得怎样捕猎，怎样生活和保护自己，这个时期的人就被称作是原始人类，这一社会时期被称作原始社会。

在原始社会，人类开始学会利用木棒和石头制造工具，用于捕猎和自卫。由于生产方式的转变，原始人类开始有了明显的生活定式，并向着氏族公社的方向发展。而在这一社会发展的过程中，也出现了很多教人们如何更好地生活的伟人，燧（sui）人氏就是其中之一。

人们在远古时期并不会使用火，打猎得到的动物只能生吃，人们很容易生病，这也导致他们的寿命都很短。那时，一位年轻人在一次与动物的搏斗中，发现火能驱赶动物，而且被火烤过的食物很美味，于是，他把这一发现告诉了族人。

但是自然的火种，能够应用的时间并不长，而且没有规律。当火灭之后，人类又只能吃生肉。于是，这个年轻人就开始积极地寻找火源。一位大神托梦告诉他，在燧明国有火种。所以，他便来到燧明国。在苦寻火种未果的时候，他发现用硬物与树木摩擦就会出现火星。之后，他就开始做试验，并成功发明了钻木取火的方法。年轻人带着这一方法回到了家乡，并将这一方法教给族人。人们都很钦佩他，于是，选举他做了部落的领导者，族人都称他为燧人氏。而"燧"，代表的就是取火。

从此以后，原始人类开始用火来烤食物和驱赶动物，人们的生存质量也得到了极大的提高。

伏羲制八卦

据说，伏羲是在母亲踏入雷泽时孕育的，并在十二年后出生。他从小是靠游牧为生。当时社会的时间是以十二年为一纪来计算，伏羲出生那年正好是成纪。伏羲聪明伶俐，而且善于发现，有传言说，渔网就是伏羲研制出来的。

原始社会时期，人们的武器极度落后，往往无法捕捉到动物。因此，人们常常挨饿。伏羲很想改变这种情况。他开始不断尝试新的捕猎方法，他想下河捕鱼，但是鱼太滑，很难捕捉。有一天，伏羲在大树下乘凉时，看到蜘蛛通过结网来捕捉动物，然后食用。他灵光一闪，想到可以用网状的东西来捕鱼。于是，他开始寻找各种物质来编织网。在做出一个简陋的网后，他开始用这张网捕鱼，发现这样就很容易捕到鱼，这就是最早的渔网。渔网的出现，使得当时社会的生产力有了明显的提高。

伏羲除了研制出渔网外，还发明了书契用来记事。同时，伏羲还研制了很多新乐器，创作了一部叫《驾辩》的曲谱。另外，伏羲发明的古代历法，使得人们的生活更加规律。此外，有传言，婚姻制度以及家畜的养殖方法都是伏羲发明的。

伏羲为人类做出了诸多贡献，赢得了人们的尊重，他成为了上古圣人之一。而在他所有的成就中，最突出的就是发明了八卦。

远古时期，人们对自然的变化规律无法掌握，对一些自然现象有着惧怕的心理。为了解这些自然现象，伏羲开始观察天象和万物。一次，他正坐在方台上沉思，突然发现一条龙马从山对面一跃而出，随即消失了。他观察到龙马的身上有一个奇异的图案，他将图案凭记忆画出。后来，他到洛水时，又发现一只白色神龟的背部也有一个奇异图案，他将两个图案结合在一起，并将表示天、泽（聚水的地方）、火、雷、风、水、山、地的八个符号乾、兑、离、震、巽（xùn）、坎、艮（gèn）、坤融合到图案中，从而制成了八卦。八卦的内容在随后的社会发展中逐渐丰富，并衍生出了周易文化。人们利用八卦逐渐加深了对自然界的认识。而龙马与神龟背上的图案也被人们命名为河图与洛书。

神农尝百草

我国古时五帝中，炎帝为神农。据说，神农牛头人身，由于他崇尚火德，所以被称为炎帝。

成年后的炎帝眼看着族人为了得到食物，需要走很长的路，同时还面临着生命的危险。于是，他开始思考如何更好地获取食物，并且研究哪些植物是可以吃的。

一次，他发现很长时间以前落入泥土中的果核发了芽，他显得很兴奋。在长期的观察和尝试后，他了解到了植物的生长规律。他开始依据这一规律，种植谷物。同时，研发出耕种的用具，教会了人们如何耕种，这就是农业的雏形。

自然界中的植物种类成千上万，哪些植物是可以吃的，哪些植物是有毒的，人们并不了解。于是，神农决定亲自试吃，来辨别各种植物，然后教会人们如何食用这些植物。

一次，神农游历到一座大山中，发现这里的植物种类繁多，于是他开始在这里住下。他每天都会尝试不同的植物，然后记录哪些能吃，哪些有毒，哪些是甜的，哪些是苦的……神农记录好这些植物的特性后，返回了家乡，带回了五谷。

神农在一次偶然的机会下，发现有一种绿叶在品尝后能够让人神清气爽，这就是后来人们所熟知的茶。又有一次，神农在尝试一株植物的时候，身体出现了极不正常的反应，在食用了这株植物旁边的果实后，便又恢复了正常，这使他意识到，原来植物之间是相生相克的。

有一次，神农为了救一个病人，到悬崖边来采草药。但是悬崖太陡，崖壁又很滑，他很难采到药。这时，他发现悬崖上的几只猴子顺着古藤可以很顺利地爬下悬崖，他灵机一动，便利用古藤做了一个架子，顺着悬崖放下去，这样他便很顺利地采到了药。而这处地方，就被后世称为"神农架"。为了纪念神农尝百草的功德，后世为其建立庙宇，同时还编著了《神农本草经》。

涿鹿之战

古时的黄河流域和长江流域是氏族部落的聚居地。氏族部落之间为了争夺食物和领地，常常爆发战争。有些部落会通过联盟或者通婚的方式来扩大影响力。逐渐地，在这两个流域，出现了两个较大的部落阵营，一个就是以轩辕氏黄帝为首的部落，另一个就是以神农氏炎帝为首的部落。

这两个部落最初并没有利益上的冲突，也没有战争，但是黄帝想将族人带到中原地区，在涿（zhuō）鹿（地名，今河北涿鹿东南）定居。而那里已经是炎帝的地盘，所以，二者为了争夺地盘和资源，开始了战争。炎帝与黄帝总共交战了三次，前两次的火攻帮助炎帝打败了黄帝。但是在最后一次战争中，炎帝的火被突降的大雨熄灭，炎帝战败，黄帝自此开始入主中原。炎帝与黄帝的部落渐渐融合，统称为炎黄部落。

同时，长江流域出现了一个强大的部落，该部落以蚩（chī）尤为首领。传说蚩尤有八十一个兄弟。这个部落能够炼铜制作武器，而部落中的人更是勇猛无比。蚩尤有着很大的野心，想要吞并其他部落。

　　因为蚩尤武器先进，兵士又强悍，所以，炎帝很快就被打败。接下来蚩尤就开始进攻涿鹿。黄帝联合了多个部落，共同在涿鹿近郊对抗蚩尤。蚩尤命令风伯雨师改变天气，压向黄帝军队。而黄帝也请来旱魃（bá，传说中引起旱灾的怪物）控制天气。黄帝为了在恶劣的天气中赢得战争的胜利，就依据天上的北斗七星研制出了指南车。尽管如此，黄帝在与蚩尤的战争中仍不占优势。为了能够打败蚩尤，黄帝日夜思索。突然有一天，黄帝在梦中见到了九天玄女，并从玄女那里获得了一部兵书。黄帝熟练掌握这部兵书后，巧妙地利用玄女兵法，最终赢得了战争的胜利，砍杀了蚩尤。

轩辕黄帝

　　黄帝相继打败了炎帝和蚩尤后，又开始与刑天进行战斗。炎帝有一个大臣，名叫刑天。他也参加了炎帝与黄帝的战争。在炎帝战败后，刑天组织炎帝部族的后人继续与黄帝战斗。然而，刑天也不敌黄帝，最终战败。黄帝俘虏了刑天，并将刑天的头砍了下来，将他的头埋在了常羊山。但是，没有头的刑天身体依然能动。据说，只剩身体的刑天，将他的两乳当作眼睛，肚脐当作口，用手拿着兵器不断地挥舞。后世有诗人评价刑天，说他在死后依然保持着战斗的意志。

共工

　　黄帝在相继打败了炎帝、蚩尤、刑天后，成为当时天下的主。他将黄帝部落与炎帝部落合并，尽最大努力推动部落的发展。在黄帝的统治下，人们过上了富足的生活。

　　中国人一直将炎帝和黄帝视为祖先，所以，中国人也称自己为"炎黄子孙"。后人为了纪念黄帝的功德，修筑了"黄帝陵"。因为黄帝的姓氏为轩辕，人们还修建了"轩辕庙"，以供后世祭拜。

嫦娥奔月

据神话传说，在远古时期，有一个神名叫后羿。他有一个美丽的妻子叫嫦娥。当时的天上共有十个太阳，它们都是天帝的儿子，每个太阳都按照顺序轮流在天上值班。但是有一次，这十个太阳因为贪玩，同时出现在了天空上。大地的温度骤然上升，地上的植物都被烤死了，庄稼也枯萎了，人们好像生活在大火炉里。后羿是当时有名的神箭手，他看到这样的情况，于是便拉弓搭箭，用了九支箭将天上的九个太阳射了下来，天上自此就只有一个太阳。但是，后羿的行为也惹恼了天帝，于是天帝将后羿和他的妻子嫦娥贬下了凡间。

后羿夫妻下凡之后，他们就变成了普通人，因此没有永恒的生命。后来，后羿凭借自身的天生神力，加上卓越的射箭功夫，经过千难万险，爬上了西王母所在的昆仑山。在山顶上，后羿拜见了西王母，并求得了长生不老药。后羿很开心，将长生不老药带回了家，交由嫦娥保管。

但是这件事被后羿的徒弟逢蒙知道了，逢蒙就想要得到长生不老药。在一次后羿外出时，逢蒙带着弓箭和利刃，闯进了后羿的家，并威逼嫦娥交出长生不老药。嫦娥是一个弱女子，无法抵抗逢蒙，但是她也不想灵药落入逢蒙的手中，于是将灵药直接吞下。随后，嫦娥的身体变得轻飘飘的，一直向天空飘去，最终飘到了月宫。

晚上回来的后羿知道了发生的事情，很恼火。他想要找逢蒙算账，但是逢蒙已经逃跑了。后羿十分愤怒，同时也很伤心。他抬起头看着天上，突然发现，今天晚上的月亮格外明亮，而且在月亮中还有一个人影，这个人影像极了嫦娥。于是，后羿便在院子中间摆上了香案，祭拜远在天上的妻子。

人们在得知嫦娥吃下长生不老药奔上月宫成仙的事情后，便开始在月圆之夜，于后院摆上香案，来祭拜嫦娥，同时请求嫦娥保佑他们。这就是中秋节祭拜月亮这一风俗的由来。

尧舜禅位

尧（yáo）是父系氏族后期部落联盟首领。尧在位期间，很得人心，在各部落中有着很高的威望。他很关心百姓的生活，颁布了很多有利于百姓的政策，百姓的生活富足安定。

尧年老后，他想要选择一个贤能的人来接替自己。于是，他就将各部落的首领召到跟前，想让他们推荐一个贤德之人。尧之所以不想把位子传给自己的儿子，是因为他的儿子丹朱并不能成为一个英明的领导者。首领们一致推荐舜。所以，尧力排众议，选择了有虞氏部落刚刚年满三十岁的舜，并且还将自己的女儿娥皇和女英同时许配给了舜。

舜的命运有些坎坷。他出生后，母亲就去世了。父亲是个盲人，又娶了个妻子，对舜并不好。但是舜依然孝敬妻子。舜从小吃苦耐劳，无论做什么都能够做得很出彩。因为舜很贤德，所以投靠他的百姓逐渐增多。尧知道了这些，很满意，就赏赐舜一架琴以及用细葛布制成的衣物。同时，也送给舜很多牛羊，还为他建造了一个可以存放粮食的仓库。

　　由于舜很受尧的看重，他的父亲、后母以及后母的儿子对他都很忌恨，屡屡陷害他，但是都被舜机智地脱了险。事后，舜不仅没有记恨自己的父亲和后母、弟弟，而且还对他们更加关爱，尧很满意。于是在三年的考核后，尧将权力交给了舜。舜在位期间，矫正了日期，规定了统一的音律，整顿了礼仪，惩治恶人，重用贤人，开创了一片盛世。

　　在尧去世后，舜服丧三年。服丧期满后，舜将权力还给尧的儿子，便躲到了南方。但是，各部落的首领依然将舜当作部落联盟的首领，每每都会去南方拜见。百姓有事也只找他，人们也只歌颂他的功德。最终，舜认清了现实，回到了都城，重新坐上了首领之位。尧传位给舜的行为形成了最早的禅（shàn）让，这也是我国古代禅让制的由来。自此，我国历史上实行了很长一段时间的禅让制。

大禹治水

　　尧在位时期，中原水患就很严重，百姓的生活常常受到水灾的影响。尧在各部落中征求善于治水的人，希望能够改变人们的生活状况。各部落的首领都推荐鲧（gǔn），但是尧并不满意鲧，然而尧实在找不出更好的人，于是就让鲧尝试一下。但是鲧治理洪水并不彻底，百姓的生活依然困苦。舜掌权时，发现鲧在治理洪水上有着很大的疏漏，于是，就诛杀了鲧。

　　舜为了让百姓过上好日子，广纳贤士，广开言路。他也关心水患，要求各部落首领推举人才，大家都推荐鲧的儿子禹。舜让禹做了司空，总揽治理洪水的重任。禹一直对父亲因治水不彻底而获罪一事感伤，于是就自我勉励，将所有精力都投入到治水工作中。他每日都会携带准绳勘测各处的地形，将高山做标记。他不分日夜地工作，每天都奔走在治水的路上，即使三次路过家门也没有进去。禹为人节俭，穿的衣服很普通，住的地方也很简陋，他将钱都用在了治理洪水上。他用了十三年来治理九州的洪水，终于为百姓开辟出了九州的道路，修筑了堤坝，量出了山的脉络，有效的利用疏通的方式，治理了洪水，使得百姓过上了安定的生活。

禹治理好洪水之后，还让伯益教百姓如何在低洼的地方种植水稻，这使得当地的农作物产量大幅度提升，禹也赢得了各个部落首领的尊重。

禹并没有居功自傲，仍然恪尽职守（谨慎认真地做好本职工作）。舜很欣赏他，常常与他谈论政事，禹都有自己独到的见解，令舜受益良多。后来，舜将禹定为自己的继承人。但是禹在舜死后，想将首领的位子传给舜的儿子，于是搬离了都城。然而，各部落的首领都只愿参拜禹，百姓也只认识禹。所以禹最终回到了都城，继续做部落的首领。

禹回来后，进一步提高百姓的生活水平，同时发展炼铜技术，促进了社会生产的发展，原有的氏族公社社会也逐渐向奴隶社会转变。

大禹治水

建立夏朝

　　禹成功治理洪水后，他在部族中的威信提高了，同时他手中有了更大的权力，各部族的首领都臣服于禹所在的夏部落。据说，禹年老后，有一次，他带领大臣到东方去体察民情。到达会稽（kuài jī）山时，他突发奇想，想要在会稽山上召集各部落的首领来开会。于是，他将命令下达到各部落。各部落的首领在接到禹的召见命令后，都开始盛装打扮，并且准备了上好的玉帛，觐见的仪仗十分隆重。大多数首领都准时到达了会稽山，但防风氏部落的首领却来晚了，禹对此十分不满。他认为，这个防风氏部落的首领对他的命令不重视，对他并不尊重，于是，他命人将这个部落的首领斩首了。

　　禹的辅助大臣中，有一个叫皋（gāo）陶的大臣。皋陶在世时，经常帮助禹处理大小事务。皋陶去世后，皋陶的儿子伯益接替了父亲的位子，开始帮助禹处理大小政事。依照禅让制，禹去世后，应该由皋陶来接替禹，皋陶死后，也应该由伯益来即位。然而，禹去世后，伯益服丧三年，让禹的儿子启来接替禹的位子。这种父子传承的形式，打破了禅让制的传统。从这一时期开始，氏族公社的部落联盟选举制度就演变成了君主世袭制，这也标志着我国持续四千多年的世袭制的开始。启继承禹的位子后，夏朝便建立了。夏朝的建立，标志着我国奴隶社会的开始。历史上，夏朝被认为是我国第一个实行奴隶制的朝代。夏朝也是第一个世袭制的王朝。

但是在新的制度建立的初期，还有很多的反对势力。这些反对势力不断地挑战启的权威。其中有扈（hù）氏的反对尤为强烈，联合那些反对启的部落一起讨伐启，但是在与启的战争中失败了。启在战争前，将战争归结为"恭行天罚"。启平定了反对势力后，也逐渐赢得了中原人民的拥护，这就表示新的制度被人们接受。

夏 · 商 · 西周

后羿篡位夺权

　　启继承王位标志着禅让制的终结，世袭制的开始。启死后，有资格做王的就是启的几个儿子。但是启并没有指明由谁继承王位，因此，他的几个儿子开始争夺王位。最终，太康获得了王位。太康即位后，就将都城迁移到了斟鄩（今河南巩义市西南）。但太康并不是个合格的君主，他十分昏庸，不理朝政，只知道享乐。

　　太康的五个弟弟有先见之明，认为太康无法执政太久，于是都逃到了外邦。他们在逃走时，都哭泣着唱着一首歌，这首歌就是有名的《五子之歌》。太康依然不管不顾，夜夜笙歌。有一次，他去洛水南岸打猎，觉得那里特别好玩，就在那里停留了一百天。

　　而在太康只知享乐的同时，在黄河下游崛起了一个部落，这个部落的首领就是后羿。后羿在当时是有名的神箭手，而且他有着很大的野心，一心想要夺得王位。当他知道太康外出打猎时，就带领军队攻陷了无人防守的都城。然后，他亲自带着军队拦在了太康返回都城的道路上。太康知道斟鄩失守后，虽然后悔，但是由于没有实力夺回都城，便只能流落在外。太康流落在外无法回到都城，这使他终日郁郁寡欢，在二十几年后，太康便得病死了。

后羿攻下都城后，由于各方势力的反对，他并不敢明目张胆地自立为王。得知太康已死，后羿便拥立太康的弟弟仲康做了王，他则控制着仲康，总揽朝政大权。仲康死后，后羿又选择让仲康的儿子相继位。没过多久，后羿的权力越来越大，地位也越来越稳固。于是，后羿撵（niǎn）走了相，自己登上了王位。

然而，后羿并没有得到善终。他后期也开始享乐，到处游玩，不顾朝政。他将所有的朝政大事均交给他的亲信寒浞（zhuó）处理。寒浞也有着很大的野心，他总揽朝政期间，不断培养自己的势力，最终寒浞将后羿和后羿的家人都杀了，自己登上了王位。

少康中兴

寒浞上位后，他害怕相会回来，于是开始追杀相。相也曾联合其他部族与寒浞进行斗争，但是都失败了。在相与寒浞的最后一场战争中，寒浞攻破了相所在的帝丘，并杀死了相，同时还杀了很多城中的平民和相的族人。但是相的妻子在混乱中侥幸逃生，并且当时她已经怀有身孕。她回到了自己的娘家有仍氏部落。不久，她生下了一个孩子，这个孩子就是少康。

少康从小被灌输复国的思想。他从小就很坚韧，立志要夺回属于他的东西，为他的父亲和族人报仇。于是，少康长大后，他从小官员做起，并且时时刻刻研究兵法和谋略，这为他复国奠定了基础。但是，寒浞得知了他的身份，要对他不利。这个消息被少康知道了，于是他便逃走了，最终流落到了有虞氏部落。

在那里，他受到了部落首领的重用，并且被招为女婿，他也拥有了自己的封地以及军队。少康开始在自己的封地大力发展农业和畜牧业，还积极地收留流民，不断地扩充和训练他的军队。同时，少康还制造言论，宣扬自己的祖先禹的功绩，这使他赢得了夏朝老臣的大力支持，他的势力逐渐扩大。

不久，少康便在众人的支持下，开始攻打寒浞，瓦解了寒浞的势力，取得战争的胜利，最终实现了复国的目标。少康复国，标志着夏朝的复兴。少康坐上王位后，勤于政务，教化臣民，并且诚实守信。少康在位期间，极大地促进了文化的发展，天下也得以安定，百姓的生活更加富足。因此，少康得到了各个部落的尊重以及百姓的爱戴。

由太康失国到少康复国，历经了近百年的时间。夏朝的建立可以看作是我国古代世袭制王朝最初的兴盛，而太康可能是我国历史上最早的昏君。少康复国，恢复夏朝统治，让夏朝真正走向兴盛，这一时期被后世称为"少康中兴"。

商汤伐夏

　　夏朝统治了中原四百多年，公元前 1600 年，夏朝的最后一任君主桀（jié），残暴无道，在他的统治下，社会动荡不安，百姓生活在水深火热之中。这时，在黄河的下游区域，出现了一个新兴的部落，这个部落就是商部落。商部落主要发展畜牧业，在商部落最强盛的时候，它的首领是汤。汤是个德才兼备的首领，他具有雄心壮志，但是缺少人才辅佐。他听说有莘氏，也就是自己妻子的娘家有一个很有才干的人，名叫伊尹，于是想要请他出山，但是被伊尹拒绝了。然而，汤没有放弃，他连续三次请求伊尹帮忙，最终，伊尹被他感动，答应帮他。

　　起初，汤在请到伊尹时，将他推荐给了夏桀，但是夏桀重用奸臣，荒淫无道，伊尹不愿意辅佐这样的君主，于是便回到了汤的身边。汤很高兴地接待了伊尹，并将伊尹安排在身边帮忙。夏朝当时有个贤臣名叫关龙逢（páng），他直言不讳，甚至当众指责夏桀，最终惹恼了夏桀，丢掉了性命。汤听闻此事，立刻派人到夏都城吊唁（yàn）关龙逢。这一行为激怒了夏桀，于是夏桀将汤打入了大牢。但是没多久，汤便被释放了。

自此，汤对夏桀越来越失望，他不忍看到百姓受苦，于是决定推翻夏桀。他开始暗中集结军队，招揽人才，不断扩充自己的势力。同时，他也名正言顺地将一些实力弱小的部落吞并，积极地壮大着自己的势力。他这样的行为，并没有引起夏桀的注意。

汤等待时机，准备讨伐夏桀。在夏桀的高压下，终于所有的部落都脱离了夏桀的统治，汤认为时机成熟，便开始讨伐夏桀。汤将讨伐夏桀归结为遵循天帝的名义，这极大地鼓舞了汤军队的士气。汤一鼓作气，攻下了夏桀所在的都城，夏桀出奔南巢（今安徽巢湖市西南），后来死了。

夏桀的死标志着有着四百多年历史的夏朝的覆灭，而汤则建立起了一个新的朝代，即商朝，汤则是商朝的第一任君主。

盘庚迁殷

商汤打败了夏桀，建立了商朝，并在亳（bó，地名，今河南商丘市北）定都。历史上，商汤讨伐夏桀被称为"商汤革命"。古人相信风水术数，供奉蛇神，对于朝代的更替，他们都认为是上天的安排，商朝取代夏朝，是天命所归。

商朝实行的是奴隶制度，阶级明显。商朝有着五百多年的历史，在这一漫长的历史岁月中，商朝的政局也并不是很稳定。伊尹所辅佐的四代君王时期，商朝国力强盛，社会稳定。但是伊尹死后，这样的局面被打破。此后的商朝君主渐渐开始贪图享乐，与诸侯之间也逐渐疏离。此外，商朝的下一任君主一般都是上一任君主的兄弟，这就使得争夺王位的人较多。商朝的很多君王为了巩固自己的势力，就会采用迁都的办法，在迁都时，将自己的亲信带走，而将反对自己的人留下。

在第二十任君王盘庚继位时，他所在的都城是奄（yǎn，在今山东曲阜）。都城在前几任君主的发展下，已经变得十分繁华。但是这个地方却常有水灾，加上商朝贵族越来越骄奢，盘庚想要改变这种状况，于是就想到了迁都这个办法。盘庚选择北蒙（今河南安阳小屯村）作为新的都城，北蒙依山傍水，交通便利，气候宜人，十分适合居住。但盘庚提出迁都的想法后，遭到了很多贵族的反对。盘庚面对这些反对势力，便抬出天象一说，同时摆出强硬的态度，最终达到了迁都的目的。

盘庚迁都后，便将北蒙改名为殷。盘庚在新的都城实施了一系列的新政，这些新政的提出，使得商朝恢复了强盛的局面。而且在此之后，所有的商朝君王都没有再提出迁都。后世称殷为殷墟。

在殷墟中，我国考古学家发现了很多龟甲兽骨，将刻在龟甲兽骨上的文字，称为甲骨文。甲骨文记录了商朝的一些活动，如祭祀、狩猎等。在殷墟的墓穴中，考古学家也发现了很多殉葬奴隶的尸骸（hái），这也就表明商朝时期盛行奴隶制，对待奴隶十分苛刻。

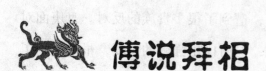

傅说拜相

　　盘庚之后的三位君王中，第三位是武丁。武丁小时候并不愿意说话，他的思想也异于常人，因此，得不到父亲的喜爱，被他的父亲驱逐到了宫外。

　　武丁被驱逐到宫外后，开始在乡下生活，并且积极学习各种东西。他从来都不摆贵族架子，不仅和平民做了朋友，还和奴隶有交往。武丁的父亲去世之后，武丁回到都城继承了王位。武丁很想自己有一番作为，但是却感觉没有贤臣可以辅佐他，于是在他为父亲守丧的三年中，一直都不开心，既不说话也不理朝政。

　　然而，有一天，武丁却突然开始说话了，他说他梦到天帝给他推荐了一个贤德之人。他将这个人的样子画了出来，并且在朝堂上让百官照着画中人的样子来找人。各位大臣接受了这一任务后，便开始积极地寻找这个人，但是都没有收获。有一位大臣依照画中人所穿的破旧衣服以及胳膊上套着的绳索，分析出这个人可能是个奴隶。大家虽然对寻找奴隶持有不同意见，但还是开始在奴隶中寻找这个画中人。终于，大家找到了这个人，他名叫说（yuè）。大臣们很高兴地将找到的人带到了武丁的面前。

武丁看到这个奴隶，与梦中天帝向他推荐的贤臣一模一样，很高兴。在武丁与这个奴隶交谈的过程中，武丁发现说不仅条理清晰，而且性格沉稳，对各种知识都了如指掌。说的才能令武丁十分欣赏，于是武丁任命说为相国，同时赐予他"傅"这个姓，武丁就开始称他为傅说。

傅说成为相国之后，一直兢兢业业，充分发挥出了他治理国家的才能，帮助武丁重新振兴了商朝，使得商朝变得国富民强。傅说成为相国的契机有着明显的神话色彩。有学者认为，傅说本就是武丁在民间结识的，但是由于他是奴隶，武丁不可能直接重用他，于是就利用"天帝推荐"这样的天命之说来推举傅说，虽然这样会让一些贵族势力不满，但是他们也不会违背天命。

姜太公钓鱼

武丁之后第六位君王为文丁，文丁时期，商朝的一个部落——周开始强大起来。周的人原本就是尧舜时期有邰（tái）氏部落的后人。他们这个部落为了发展，便开始不断迁徙，最终迁徙到了周原（今陕西岐山北）。在这里，他们才开始发展壮大，并且在文丁的时候，成为了商朝的强盛诸侯国之一。当时周的君主是季历，文丁认为周发展得太快，就将季历杀害了。

季历死后，姬昌继承了王位。姬昌继位后，周发展得更加迅速。文丁只在位十一年便去世了，后来由他的儿子帝乙继位，后又传给纣，而纣就是有名的商纣王。

纣王虽然聪颖，但是因为国家稳定，无所事事，他的帝王脾性越来越严重。他迷恋于酒色，劳民伤财，建造极奢华的鹿台，以供他和嫔妃们享乐。同时，纣王制定了很多残酷刑罚，比如炮烙（páo luò）。

纣王贪图享乐，荒废政事，一些耿直的大臣纷纷上奏，但是他都没有听，这使得他在臣民之间渐渐失去威信。他相继杀了很多忠臣，并且将姬昌、鄂侯以及九侯这三个最有实力的诸侯国国君软禁。在姬昌被软禁期间，姬昌的大儿子伯邑考来探视，却被纣王杀害，做成了肉丸，还命令给姬昌吃。姬昌忍辱负重，吃了肉丸，并且丝毫没有显示出对纣王的不满。后来周国送来诸多宝物，纣王便将姬昌放了。

姬昌返回周国后，就开始招兵买马，准备报仇。然而，他身边却缺少贤才，他为此日日焦虑。一天，他到渭水附近打猎，看见一个老者正在钓鱼。但是老者的鱼钩竟然是直的，而且还离水面有很大一段距离，姬昌觉得不可思议，便上前询问。通过交谈，姬昌觉得这位老者就是他所期望得到的人才，便将他纳入了麾下。此人就是有名的姜太公（姓姜，名望，字尚父）。

姜太公追随姬昌后，便帮助姬昌秘密训练兵马，同时还帮助他拓展军力，扩张势力，并且将周边的一些小国吞并，使得周国的实力逐渐与商朝平齐。

武王伐纣

在周国的实力大增，可以起兵攻打商朝时，姬昌却去世了。姬昌死后，他的次子姬发（周武王）继位。姬发励精图治，养精蓄锐，立志完成父亲未完成的伐纣大业。他任命姜太公为军师，对待他就像对待自己的父亲一样。同时，他为了试探商朝和其他诸侯国的虚实，没有称王也没有表明伐纣，只是将军队迁移到了孟津（今河南孟津东），并在孟津进行了一次观兵，同时与各个前来投奔的诸侯国进行联系，最终又返回到了丰京（今陕西省西安市长安区西南沣河以西）。

纣王不知大祸将至，依然我行我素，过着奢靡而放纵的生活，并且变本加厉，甚至无故残害妇孺和老人，这使忠臣箕（jī）子忍无可忍，百般劝谏，但是却遭到了纣王严厉的惩处。而大臣比干因为劝谏纣王，遭到了剜（wān）心的酷刑。纣王的兄弟微子见商朝大势已去，偷偷带着家眷远走隐居了。

纣王已经失去民心，姬发见此情形，认为是时候发兵攻打商朝了，于是高举大旗，挥师朝歌。他在进军的途中，被两个老人拦住，他们一个叫伯夷，一个叫叔齐，二人认为他不应该以臣子的身份来讨伐君主，想要劝他返回属地。姜太公认为他们只是迂腐的老人，便将他们拉开了，周军继续前进。在周军赶到孟津后，其他诸侯国的军队纷纷赶来会合。周军集合了大军向着东方进军，并在牧野（今河南淇县西南）和各地诸侯进行誓师，姬发将此次伐纣称作天命，在誓师的同时也严肃了军纪，使得伐纣大军士气高涨。而纣王这时才得知此事，他开始着急起来，然而他所在的朝歌本身军队人数很少，因此他只能临时组织军队来抵抗。他带着军队抵达了牧野，他在牧野与姬发的联合大军作战，但是失败了。纣王仓皇逃离战场返回了朝歌，在他刚到朝歌时，周军也马上到了，纣王见大势（事情发展的趋势，多指政治局势）已去，不可挽回，便在鹿台上点火自焚了。随着纣王死去，商朝也就此灭亡了。

姬发灭了商朝后，并没有将朝歌作为都城，而是在丰京的附近重新选定了一个都城，将它命名为镐（hào）京（今陕西省西安市长安区西北）。他自己则为天子，并将父亲奉为文王。自此，西周时期便开始了。

死不食周粟

孤竹国原本是商朝的一个小诸侯国，它位置偏僻，国家的人口也较少。孤竹国的国君有三个儿子，而他最喜欢的就是他的幼子。

孤竹国国君的长子名叫伯夷。伯夷为人忠厚、孝顺，但是不知变通，总是和他的父亲顶嘴，意见不和的时候，就直接顶撞，因此，父亲很不喜欢他。

孤竹君的幼子名叫叔齐，他为人温和、孝顺，尊重兄长，虽然会有与父王意见不一致的时候，但是却不会顶撞父王，会在父王坚持己见的时候，顺从父王，深得孤竹君喜爱，被立为继承人。

叔齐与伯夷的关系很好，虽然叔齐占据了伯夷的位置，但是伯夷并不生气。孤竹国国君在将死之时，分别找了叔齐和伯夷谈话，他将王位传给叔齐，还要伯夷好好地辅佐叔齐。

国君去世后，叔齐心里一直不安。他不想违背祖宗立下的规矩，更不想做国君，他想把国君的位置让给伯夷。但是伯夷认为叔齐比他有才华，更适合继承王位。为了不让叔齐为难，他连夜出走了。

叔齐知道伯夷出走后，心里更加不安，他认为伯夷这是为了他而牺牲，立志要找伯夷回来继承王位。因此他没继承王位，连夜出发去找他的大哥了。可是孤竹国不能没有国君，不得已，一些老臣只能立无德无能的二王子为君。而叔齐在历经万难后，终于找到了他的哥哥。两个人都不是贪图富贵的人，最终，他们决定找个乐土隐居，做普通人。他们听说西伯昌善待老人，于是他们就到了周国。

后来周国要讨伐商朝，他们认为那是大逆不道之举，于是拦驾劝说，但是他们的劝说并没有产生效果，商朝依然被周灭掉。伯夷和叔齐很生气，认为周武王和商纣王一样，残暴无道。于是他们隐居深山，不与周人来往，同时也不食周粟（sù），最终活活饿死。他们的事情传到了周武王耳中，周武王很感动，他发誓要为百姓带来富足的生活，而他也的确成为一代明君，深受百姓拥戴。

周公辅政

　　周武王伐纣成功后，虽然采取了各种有效的政策来稳定局势，但是收效甚微。不仅商朝奴隶主贵族想要夺回政权，就连百姓在心中也认为商朝才是正统。不久之后，还传出了曾经阻止周武王伐纣的两个老人饿死在山上的事，大家认为他们是因为不想食周朝的米，为了反抗周朝，所以饿死在山上了。这件事在百姓中传得沸沸扬扬，民心大多开始向着商朝。

　　武王听闻此事，寝食难安，召来心腹大臣商议如何解决目前的难题。周公提出可以在各地建立诸侯国，由武王亲信和可信的有功之臣来担任国君，自己诸侯国的事务自己管理，但是这些诸侯国要服从天子的号令，并且要向天子定期纳贡。周武王听从了周公的建议，于是大加分封。这种大规模地分封诸侯的做法，后世称为"分封制"。

　　武王还没有完成分封，就去世了。他的儿子姬诵继承了王位，即周成王，当时的周成王只有十三岁，所以便由周公辅佐幼主执政。周公为了能够稳固周朝的势力，便主张实施嫡长子继承制，这就有效地减少了王室内部的王位争斗事件。同时，他制定的贵族等级制度以及一些仪式等，被后世称作"周礼"。

周公为稳定朝局兢（jing）兢业业，还产生了"周公吐哺"这一成语。然而，周公的做法也使一些王室成员对其产生了疑心，同时他的做法也损害了一些贵族的利益。其中，管叔、蔡叔与霍叔联合，在朝中散布周公想要夺权的谣言，同时他们秘密联系纣王的儿子武庚，想要逼迫周公交出权力。为稳定局势，周公将权力转移给可信的大臣，自己离开了镐京。但是他走后不久就被周成王亲自请了回来。周公回来后，将奸人铲除，同时平定了武庚的叛乱。在周成王二十岁的时候，周公便将权力全部转交给周成王。周公用了七年的时间，稳定了周朝的局势，打造出了一个繁盛的周王朝。

周穆王与西王母

周昭王是周康王的儿子，他即位后，就想凭借当时强大的国力去征服南方。但是在回师途中，他因为一次意外，死于汉水附近。周昭王去世后，继位的就是周穆王。周穆王继承了父亲周昭王的遗志，想要扩大国家的领土范围，收服四方。周穆王在位期间，他征服了很多地方，使周的地盘扩大了数倍。

公元前965年，犬戎不仅不给周朝纳贡，而且还派兵攻打西周。这使得周穆王忍无可忍，随即亲征，想要征服犬戎。大臣们纷纷劝说，认为周穆王亲自出征，有点小题大做。周穆王并没有听大臣的话。他亲自带兵打退了犬戎，斩杀了数名犬戎将领，彻底将犬戎赶出了西周。

周穆王很喜欢周游四方，他在战胜犬戎班师回朝的时候，想要借机到处游览一番。于是他命令造父来做他的车夫，又带上了各诸侯国进献的八匹宝马。他从北边出发，来到了如今的内蒙古，然后就开始向西边进发。他穿越了天山，最终来到了昆仑山。

在昆仑山，周穆王得到了西王母的热情款待。周穆王在瑶池待了

周穆王与西王母的瑶池会

很长时间，被这里的美丽景致吸引。周穆王赏赐给西王母很多珠宝和丝帛，而西王母也将白狼和白鹿作为礼物回赠给周穆王。周穆王对瑶池很喜欢，甚至不愿意离开。在瑶池，西王母安排了丰盛的酒宴来招待周穆王，周穆王品尝着瑶池独有的葡萄酒以及特产的各种佳肴，顿觉身心得到了极大的满足。一次，周穆王喝酒喝得有点多，加上心里很高兴，身体也得到了极大的放松，就跟着西王母一起离开了座位，翩翩起舞。

周穆王享受了西王母的热情款待后，依依不舍地离开了瑶池，他向西王母保证三年后会再来。周穆王离开瑶池后，并没有马上回朝，而是继续到处游玩。但是他再没有去过瑶池。

周穆王在位期间，将西周的地盘扩大了数倍，但是连年征战使得国库极度空虚，从周穆王开始，西周国力逐渐走上了下坡路。

国人暴动

　　周成王在周公的帮助下，使周朝逐渐繁荣和强盛。周成王的儿子周康王即位的时候，周朝到了繁荣的顶点。周成王与周康王执政的时期，被后人称作"成康之治"。

　　而从周康王去世开始，周王朝便开始没落。到了周厉王的时候，周朝的腐败已经越来越严重，君王只知道享乐，不断地压迫百姓，剥削百姓，苛捐重税，弄得民不聊生。周厉王在位期间，还实行了"专利"，垄断山泽物产，引起了民众的强烈不满，弄得百姓怨声载道。

　　周厉王根本听不进劝谏，反而更加支持他的宠臣荣夷公来执行"专利"，而这一法令正是荣夷公提出的。荣夷公得到了周厉王的大力支持，便开始肆无忌惮地搜刮民脂民膏，百姓无论做什么都要交税，同时这一法令也波及到了贵族和兵士，弄得无论是城里的人还是乡下的人都对周厉王诸多埋怨，可以说，当时的周厉王已经极大地失去了民心。

　　周厉王听说国人对其怨声载道后，便任用荣夷公推荐的卫巫来解决此事。卫巫采用了强行镇压的方式，制止人们议论周厉王，使得百姓在路上走路都不敢说话。周厉王对卫巫大加赞赏，卫巫有了周厉王的支持，开始变本加厉，镇压的力度越来越大，手段也越来越严苛。在高压下，百姓终于不再忍受，公元前841年，都城中的百姓出现了大暴动的情况，就连兵士都加入了暴动之中。他们拿着各种武器，冲进了王宫，周厉王见此，与荣夷公等人连夜逃走了。

周厉王最终到了彘（zhì，今山西霍州）避难。周厉王死后，他的儿子静被立为王，即周宣王。

共和行政

　　周厉王听信佞臣荣夷公的进言实施"专利"后，引发国人的极度不满。当时有位大臣召伯虎，是开国功臣召公奭（shi）的后人，他对周厉王的行为很不满，同时也对王室成员的奢靡生活作风颇多怨言。因此，他屡屡直言劝谏周厉王，但是周厉王都没有听从他的进谏。周厉王虽然不满召伯虎，但是因他是开国功臣的后人，也不好对他进行处置。

　　荣夷公更加过分地执行"专利"政策，加上周厉王任用卫巫采取强硬的手段镇压民众，民怨更加沸腾。召伯虎没有办法，只得再次劝谏周厉王，召伯虎告诉周厉王，只一味地堵人之嘴，并不能真正做到将百姓心中的不满消除，如果镇压得过分，将很有可能适得其反，最终造成不可挽回的局面。周厉王听到这样的话，更加生气，于是变本加厉地实施"专利"政策，最终引发了国人暴动。

　　国人暴动后，周厉王和荣夷公等人都逃走了，但是留下了太子静。太子静于是躲到了召伯虎的家中。国人攻入王宫后，并没有见到周厉王以及王室成员，气愤难消。听说太子静躲在召伯虎家中，便将召伯虎的家围堵起来。召伯虎为了能够保住周朝王室血脉，就让自己的儿子扮作太子静，并将他交了出去，结果他的儿子被国人活活打死。召伯虎以牺牲自己儿子为代价，结束了这场国人暴动。

国人暴动结束后，卫武公因接到了求助，快马加鞭赶到镐京，带兵进驻镐京，稳定了局势。召伯虎以周厉王旧臣的身份，请求卫武公暂时代为执政，卫武公也答应了这一请求。卫武公执政长达14年之久，因为卫武公名叫共伯和，所以他执政期间就被称作"共和行政"。

烽火戏诸侯

周宣王去世后，继位的就是周幽王，周幽王是西周的最后一任君主。周幽王在位的时候，贪图享乐，而且沉迷于女色，不断将民间的美女弄到宫里，供他享乐。褒珦（xiàng）为此劝谏周幽王，希望他能够爱护百姓。这些话惹恼了周幽王，于是周幽王就将褒珦打入了大牢。

褒珦的家人为了能够救褒珦，就在民间找了一个很漂亮的姑娘，给她取了个名字叫褒姒（sì），并且对她悉心调教，然后送到宫里献给周幽王。周幽王看到褒姒，十分开心，就免除了褒珦的牢狱之苦。而褒姒自进宫之后，就没有笑过。周幽王总是想尽办法逗褒姒一笑，但是褒姒怎么都不笑。为此，周幽王很苦恼，于是他便赏格千金，求褒姒一笑。

虢（guó）石父看到赏格后，就为周幽王出了一个主意。他让周幽王将骊（lí）山上的烽火点燃，对各路诸侯恶作剧一下，看到这样的恶作剧，褒姒就会笑了。而当时的骊山烽火台，是为了防备犬戎的进攻而建的信号传递台，只有在犬戎进攻的时候才能用。但是周幽王没有管那么多，他只想让褒姒笑，于是，就命人去点烽火。到了晚上，骊山上的烽火都被点燃，火光冲天，周边的诸侯都看见了，以为是犬戎来犯，于是带着兵马紧急赶到镐京。但是到了城中之后，并没有发现任何敌人，这时周幽王对他们说，这是一个恶作剧，然后就叫他们回去了。各诸侯都心存不满。

褒姒

褒姒看到城中都是兵马，便问怎么回事，周幽王就将事情的经过告诉了她，褒姒听后，大笑起来，周幽王很开心。这件事没过多久，犬戎真的打来了，骊山的烽火虽然被点燃了，但是各诸侯却以为周幽王又开玩笑，都没有来，犬戎的士兵闯进了西周，杀死了周幽王。后来诸侯兵马赶到，打退了犬戎，并拥立周幽王的儿子继承了王位，他就是周平王。周平王认为镐京不再安全，便迁都到了洛邑。至此，西周便结束了。

春秋五霸

管仲拜相

齐桓公

东周分为春秋（公元前770年—公元前476年）和战国（公元前475年—公元前221年）两个时代，时局是动荡不安的。周天子的威望和实力一天天减弱，各诸侯的实力日渐强大，很多诸侯的实力已经超过了周天子。

春秋时期，齐（今山东北部）是一个很有实力的诸侯国。齐桓（huán）公在位期间，由于管仲的辅佐，齐国的实力日渐强大，称霸一方。但是很难想象，管仲与齐桓公曾是敌对关系。而为何管仲做了齐桓公的相国，这就不得不提到鲍叔牙这个人。

齐国原来的国君是齐桓公的哥哥齐襄公，但是齐襄公很残暴，他将自己的两个弟弟都赶出了都城，其一是公子小白，也就是齐桓公，其二是公子纠。当时，公子小白的师父是鲍叔牙，而管仲则是公子纠的师父。管仲和鲍叔牙很早便相识，他们是很好的朋友。管仲曾说过，生他的人是父母，但了解他的人却是鲍叔牙。

齐襄公死后，公子纠和公子小白便开始争夺王位。在公子纠返回齐国的时候，管仲因为害怕公子小白先回到齐国，便不停地赶路。在赶路的途中，管仲发现公子小白居然在他们的前面，于是拿出弓箭射杀公子小白。管仲当时以为公子小白已死，觉得已经不存在对公子纠有威胁的人了。

但是公子小白侥幸活命，而且还从近道先一步回到了齐国的都城临淄。公子小白毕竟是齐襄公的弟弟，在鲍叔牙的一番游说（shuì）下，最终，大臣们同意公子小白继承王位，称齐桓公。齐桓公即位后，便想要任命鲍叔牙为相国，但是鲍叔牙却力荐管仲。

公子纠想要借鲁庄公的力量夺回王位，但是失败了，被鲁庄公杀死。而管仲则被押解回了齐国。管仲被押解回齐国后，就被鲍叔牙释放，鲍叔牙还在齐桓公面前大力举荐管仲。虽然齐桓公开始并不同意，但是见鲍叔牙如此坚持，便任用管仲为相国。管仲做了相国后，大力发展齐国的政治和经济，使得齐国在七年之后，实力大增，齐桓公也成了春秋第一霸主。齐桓公为表示对管仲的尊敬，尊称他为"仲父"。而鲍叔牙则一直甘愿当管仲的副手，这在历史上被传为美谈。

管仲

郑庄公摒弃前嫌

郑武公的妻子名叫武姜，她生了两个儿子，大儿子叫寤生（出生时脚先出来，倒着生），小儿子叫段。武姜在生寤生的时候难产，差点死了，因此很不喜欢寤生。

人人都知道武姜偏宠小儿子，而且武姜为了能让小儿子继位，天天在郑武公的面前诽谤寤生，想要让郑武公将王位传给小儿子，可是郑武公坚持嫡长子继承制，武姜因此没有实现愿望。

后来郑武公去世了，寤生继承了王位，他就是郑庄公。即使寤生继位，武姜依然不喜欢他，而且还为了段的封地和他争吵，最终郑庄公答应将京邑分给段。很多大臣都对这一分封有异议，但是郑庄公不愿违背母亲的意愿，这个决定就没有更改。

段得到京邑后，开始招兵买马，训练士兵，还以打猎为借口吞并了郑国的两个城。段所在的京邑俨然成为郑国的另一个政权中心。大臣们纷纷劝谏郑庄公，让他除掉段。但是郑庄公不想破坏兄弟情谊，也不想母亲伤心，加上段并没有犯下大错，无法定罪。

这时，段准备好兵马战车，将要偷袭郑庄公，武姜作为内应。

郑庄公得到消息，知道具体时间，开始回击，讨伐段。段以为有机可乘，便出兵夺权，但是却被早有准备的郑庄公打败，段也因此自杀。而郑庄公因为母亲的极度偏心，十分生气，便将母亲安置在了颍（yǐng）地，并且放言，不到黄泉不相见。

不久，郑庄公就后悔了。他想要见母亲，却无法得见。颍考叔就给他出了个主意，让郑庄公挖一条隧道，在地下建一个屋子，可以与母亲在那里相见，这样既不会违背誓言，又能孝顺母亲。

最终，郑庄公得以与母亲相见，母子摒（bìng）弃前嫌，言归于好。

作茧自缚

郑庄公去世后，其子忽继承了王位，即郑昭公。但是忽的弟弟突野心很大，他为了能够夺得王位，便到宋国生活。

郑昭公很了解自己的弟弟，于是他就安排祭仲到宋国去监督突。祭仲刚到宋国就被宋庄公软禁了。原来宋庄公知道祭仲手握大权，想要将祭仲培养成自己的内线，从而获取更大的利益。

宋庄公要求祭仲扶持突上位。祭仲知道这样的要求对郑国来说并不利，于是拒绝了宋庄公的要求。宋庄公对此很不满，想用武力来夺取郑国。祭仲知道宋庄公要攻打郑国，心里很难受，他不想看到郑国的百姓受苦，也不想看到郑国的基业毁于一旦，就被迫答应了宋庄公的要求。

祭仲假意答应宋庄公的要求，其实暗地里还在想办法解救郑国。宋庄公以为说服了祭仲，便开始和突讲条件，要求突坐上王位后，割让三座城池给宋国，而且还要每年向宋国纳贡。虽然这样的条件很苛刻，但是突为了能够坐上王位，只能先答应宋庄公的条件。宋庄公帮突夺得王位后，又派雍纠来监督突，同时要求祭仲将女儿嫁给雍纠。

突夺取了忽的王位，成为郑国的国君，也就是郑厉公。忽失去王位后，就逃到卫国避难。祭仲还在郑国做官，却处处受制。

后来宋庄公想要实现当初谈好的条件，就向郑厉公索要。但是郑厉公出尔反尔（原意善得善果，恶得恶果。今指言行前后自相矛盾，反复无常），宋庄公知道后很生气，就开始攻打郑国。然而，宋国却输给了郑鲁联军。第二年，宋国又联合了三个诸侯国攻打郑国，郑国靠着祭仲抵挡住了宋国等国联军的进攻。这时候郑厉公觉得祭仲有些功高盖主，雍纠趁此机会表达了对祭仲的不满，于是二人设计，想将祭仲杀死。这件事被祭仲的女儿，也就是雍纠的妻子知道了。她很着急，但是她又无法通知父亲，于是她就假意表示要帮助自己的夫君除掉自己的父亲，得到了一次回家的机会。祭仲的女儿名正言顺地返回娘家后，就将郑厉公想要杀父亲的事情和盘托出（比喻全部说出或拿出来，没有保留）。

祭仲将计就计，在雍纠设埋伏之地将雍纠抓获。郑厉公知道事情败露，就逃走了。祭仲将郑昭公接回了郑国，而自己则继续为郑国做事。

一鼓作气

齐桓公坐上王位后，就任用管仲为相。这件事被鲁庄公听说了，他认为自己当初上了齐桓公的当，便开始训练军队，准备攻打齐国。齐桓公想先下手为强，但是管仲却劝阻他不要出兵。齐桓公没有听管仲的话，准备去攻打鲁国。

鲁庄公得到消息后，就开始准备迎战。曹刿（guì）请求拜见鲁庄公，并请求同鲁庄公一起前去作战。

鲁庄公和曹刿同乘战车，前去抵抗齐兵。齐军先击鼓，这时候曹刿并没有下令进攻，只是防守。齐国的士兵见鲁国的士兵不动，便没有进攻，退了回去。过了一会儿，齐国又击鼓，鲁国的士兵依然没有动，还是防守。齐国两次击鼓都没有进攻，士兵也都没有了冲劲，在第三次击鼓的时候，齐国的士兵们都懒洋洋的，没有一点士气。这时候，鲁国的士兵却发起了进攻，士兵们个个士气高涨，把齐国的士兵打得落荒而逃。鲁庄公想要乘胜追击，曹刿却制止了他。曹刿下车观察了齐国军队的车辙（zhé）后，又登上战车观看了齐军队形才命令追击，鲁军获得了很多战利品。

　　鲁庄公在战争胜利后，仍然有很多不解之处，于是就问曹刿，曹刿说："作战，一鼓作气，再而衰，三而竭。在对手士气弱时，选择进攻，一定能够取胜。而在追击敌人时，要先观察，如果敌人队形混乱，就说明没有埋伏，这时才能追击。"鲁庄公听了解释之后，很高兴，一直夸曹刿。

　　而齐桓公知道打败仗后，便诚心向管仲认错。在管仲的建议下，积极与各诸侯国修好，大力发展农业和渔业，尤其是大量晒盐，使得邻国不得不用粮食来交换盐。就这样，在鲍叔牙和管仲的齐心管理下，齐国国力日渐强大，齐桓公很快成为霸主。

老马识途

　　齐国实力大增后，便开始与诸侯国会盟，很多诸侯国都给足了齐桓公面子，参加了会盟，同时尊齐桓公为霸主。但是楚国和郑国却不买账，都没有来参加会盟。齐桓公很生气，在他想要攻打楚国的时候，燕国却向他求援，以抵抗山戎。于是，齐桓公就只能先帮燕国。

　　齐桓公到达燕国后，山戎已经撤兵了。为了保证燕国的安宁，管仲建议一定要彻底消灭山戎。于是，齐桓公就继续向前进军。齐桓公大败山戎后，不仅山戎的很多老百姓都归降了齐国，同时很多燕国的老百姓被解救，使燕国的边境地区得以安宁。然而，山戎虽败，山戎大王却没有死，还跑到了孤竹国。

　　齐桓公知道后，便开始进攻孤竹国，同样取得了胜利，孤竹国的大将黄花为了保命，杀死了山戎大王，并将人头献给了齐桓公。齐桓公便将他留了下来，还让他引路，去攻打孤竹国的都城。在黄花的带领下，齐桓公来到了孤竹国国都。见国都已空，便要求黄花引路，追赶孤竹国的君主。

　　黄花以引路为名，将齐桓公带到了迷谷，然后便逃跑了。齐桓公这时候才惊觉上当，在迷谷内无法辨别方向，齐桓公的大军迷了路，怎样都无法走出去。管仲这时候就建议让一些老马来带路，人走不出去，也许老马能找到路。于是齐桓公便命令由老马在前走，大家都跟着老马。果然，他们走出了迷谷，这就是"老马识途"这一成语的由来。齐桓公走出迷谷后，便碰上了从孤竹国国都临时迁移出来的百姓，齐桓公从百姓那里得知，他们是故意将都城空出来，然后引齐国军队到迷谷中去，就是为了歼灭齐国的军队。于是，齐桓公就采取里应外合的策略，与燕庄公一起打败了孤竹国的军队，杀死了黄花和孤竹国国君。齐桓公将所得的土地都给了燕国，燕国因得到如此多的土地，成功跻（jī）身于大国行列。

唇亡齿寒

在齐桓公步入暮年（晚年）的时候，秦国的秦穆公也想要发展壮大，于是他开始广征人才。但是他却不敢任用本国的人才，而是要用别国的人才，因为他怕本国的人才在实力壮大后，会功高盖主。

当时，虞国有个人叫百里奚，很有才华，他想到齐国谋求发展，但是却苦无门路，甚至当了乞丐。后来他辗转到了宋国，碰到了隐士蹇（jiǎn）叔，还与他做了朋友，但是两人在宋国也没有找到出路，于是蹇叔便与百里奚一起回到了虞国。在宫之奇的推荐下，百里奚做了大夫，而蹇叔则看出虞国的国君并不是明君，所以没有接受官职。

虞国国君果然如蹇叔所料，不是个明君，而且还贪小便宜。一次，晋国派使者送给虞国国君一匹千里马和一对玉璧，想要借道攻打虢国，虞国国君见有便宜可占，就答应了。但是宫之奇却阻拦，认为虢国和虞国离得很近，就像唇齿一样，唇亡齿寒，如果虢国被晋国灭了，那么虞国也就离灭亡不远了。但是虞国国君并没有听宫之奇的话，将道借给了晋国。

晋国在消灭了虢国后，回过头来就消灭了虞国。在拿回了千里马和玉璧后，也俘虏了百里奚。虽然晋国想要招降百里奚，但是百里奚却宁愿做俘虏，也不肯投降。后来，百里奚出走至楚国，被楚人抓去，做了看牛的，后被秦穆公用五张牡黑羊皮赎回，在秦国做了大夫。

秦穆公广纳贤士

秦国地处西陲，远离中原，国力并不强盛。秦穆公有心想要提升国家的实力，达到称霸的目的，但是却没有贤臣能够辅佐他。

当时秦国有个相马很厉害的人叫伯乐。有一天，秦穆公召见了他，在与他交谈的过程中，伯乐向秦穆公推荐了一个相马本领高强的人，这个人叫九方皋（gāo）。

九方皋按照秦穆公的要求外出找马，后来真的找到了一匹良驹。虽然他连马的颜色和雌雄都弄错了，但是，马却是真正的好马。从这件事情中，秦穆公也得到了启示，于是他派人到各处去招募人才。

一段时间后，有人向秦穆公报告，说在楚国有个放牛的人叫百里奚，很有才华。于是秦穆公就想派使臣去将百里奚赎回来，却遭到了公孙支的阻拦。公孙支认为秦穆公如果这样大张旗鼓地去赎百里奚，楚王一定会怀疑，到时候百里奚一定无法被赎回。秦穆公觉得有道理，就只让人拿了五张羊皮（当时交换一个奴隶的价格）去楚国。到了楚国后，使臣就拐着弯说百里奚曾经是秦国的奴隶，但是后来偷跑了，现在居然在楚国的境内，希望楚王能够将百里奚归还，好让秦穆公治他的罪。楚王对此没有异议，就将百里奚交给了秦国的使臣。

公孙支知道百里奚被赎回后，就亲自去接见百里奚，并领他去见秦穆公。

百里奚

秦穆公见到了百里奚，但是百里奚已经是个七十多岁的老人了，秦穆公一开始很失望，但是通过与百里奚交谈，秦穆公发现他真的是个人才，而且认为百里奚对国家政事有着自己的独到见解，想要封他为大夫。但是百里奚却推荐更有才能的蹇叔做大夫。秦穆公在百里奚处得知了蹇叔隐居的地址后，就立刻派人去请蹇叔。秦穆公见到蹇叔后，与他进行了一番交谈。秦穆公十分欣赏蹇叔，于是便封蹇叔与百里奚为大夫。

蹇叔与百里奚成为秦国的大夫后，兢兢业业，大力发展秦国的经济和农业，使得秦国逐渐富强起来。

宋襄公坚守"仁"

秦国的国土远离中原，秦穆公想要做霸主，与其他诸侯一争高下，就只能先收服周边小诸侯国，再慢慢向中原靠近。但是宋襄公也有做霸主的想法，在齐桓公去世后，宋襄公便帮助公子昭（齐孝公）继位，以此来昭示自己霸主的地位。

宋襄公想要做霸主，却引来了楚国和郑国的不满，宋襄公受到了他们的侮辱，便想报仇，于是他选择先从国力弱小的郑国下手。

宋襄公想要攻打郑国，但公子目夷极力反对。宋襄公并没有听劝告，执意前往。郑国请求楚国帮忙抵御宋军，楚国便直接发兵进攻宋国国都，宋襄公知道后很着急，紧急将军队带回了都城。

公子目夷一直在劝宋襄公不要开战，但是宋襄公执意不肯，还下了战书，约定了交战的日期。楚国军队和宋国军队分别在泓水两岸驻扎，楚军驻扎在北岸，宋军驻扎在南岸。楚军在军队整理完毕的时候，便要渡河攻打宋国军队，这时候公子目夷认为楚国军队因渡河而无准备，是进攻的最佳时机，于是他请令攻打楚军。但是宋襄公却认为趁对方没有准备的时候进攻对方，会显得不够仁义，于是就没有下令进攻。

楚军登上岸之后，慌乱地摆阵势，公子目夷认为可以进攻，但是宋襄公却认为这是趁人之危，应该等到对方做好准备的时候，才能进攻。宋襄公如此愚不可及，真是急坏了公子目夷，但是他也没有办法。最终，楚军准备完毕，开始大举进攻宋军，宋军大败。宋襄公在逃走的途中，还中了一箭，伤势很严重。

公子目夷和宋襄公带着残兵败将返回都城，公子目夷指责宋襄公，但是宋襄公还坚持认为在作战中也应该坚守仁义，他认为自己的军队是仁义之师。宋襄公垂危之际，他告诫太子，楚国是他的死敌，而晋国的重耳是个人才，要与之深交，后来宋襄公因伤重而亡。

重耳流亡齐国

晋献公晚年的时候，十分宠爱骊姬。而骊姬很有野心，为了帮助自己的儿子夺得太子之位，就设计陷害太子申生，逼迫太子申生上吊自杀。

申生的哥哥，也就是重（chóng）耳和夷吾知道弟弟死了，立刻感觉到自身也有危险，就逃跑了。晋献公死后，夷吾在秦穆公的帮助下继承了王位，他就是晋惠公。这时候，晋惠公开始忌惮重耳，认为他会威胁到自己的王位，于是就想要杀掉重耳。重耳不得已，带着赵衰（cuī）等人逃到齐国。

重耳想要逃往齐国，需要取道卫国，可是当时卫国的国君卫文公根本看不上重耳，就没有为他开城门，重耳只好绕过卫国的都城继续前进。在路上，重耳还受到了农夫的侮辱，但是在众谋士的劝说下，他忍了一时之气。逃亡过程中，没有粮食充饥，他又吃不下野菜，他的谋士介子推就将自己的大腿肉割下来给他吃。重耳知道后，很感动。

重耳终于来到了齐国，并且受到了礼遇，重耳于是在齐国安定下来。但是好景不长，齐桓公死了，重耳的惬意生活也结束了。这时候的重耳已经不复当年之勇，他不想再外出去闯荡和流浪了。但是他的谋士们却希望他能够振作起来，重新回到晋国，于是设计逼着重耳离开。重耳很生气，但是也很无奈，只得继续过流亡的生活。

重耳流亡到曹国时，不仅没有受到礼遇，还受到了严重的侮辱，气愤之下，他离开了曹国。宋襄公很赏识重耳，想要帮他，但是宋襄公在与楚国的交战中，以惨败收场，宋襄公自己也重伤不起，已经无力再帮助他了。不得已，重耳只好向别的国家求助。

重耳离开宋国后，就来到了郑国。可是郑国的国君郑文公并不待见重耳。虽然有大臣为防止重耳日后报复，让郑文公杀死重耳，但是郑文公没有听，重耳这才得以安全离开郑国。

重耳重回晋国

楚国在春秋时期很有实力，楚国的楚成王也很欣赏重耳。重耳流亡到楚国的时候，楚成王以诸侯之礼接见了他。重耳为此很受感动。重耳在楚国住了很长时间，在这期间，重耳与楚成王相处融洽。一天，楚成王与重耳交谈的时候，问重耳如何来回报他的礼遇之情。重耳思考再三，便说道："如果有朝一日在战场上遇到楚国的军队，晋国将退避三舍（舍，古代行军三十里为一舍。后泛指对人让步，不与相争）。"楚成王没有听出重耳的话外之意，只是很单纯地欣赏重耳的才智。但是楚国的大将成得臣却觉得重耳将来会成为楚国的心腹大患，想让楚成王杀了重耳，但是楚成王并没有这么做。

重耳虽然在楚国得到了礼遇，但是并没有得到实质性的帮助，所以，重耳离开了楚国。而这个时候，秦穆公派人邀请重耳到秦国做客。

秦穆公之所以邀请重耳，是因为他曾支持晋惠公登位，但是晋惠公却是一个十足的小人，即位后，就开始攻打秦国，最后被秦国擒住。晋惠公为了和解，将自己的儿子圉（yǔ）留下做质子，自己返回了晋国。而秦穆公也想得到晋国人的好感，于是将自己的女儿怀嬴（yíng）嫁给了圉。但是"有其父必有其子"，圉也是个小人。当他听说自己的父亲身染重病后，就抛弃了怀嬴，逃回晋国继承了王位，他就是晋怀公。为此，秦穆公很生气，就想帮助重耳重返晋国。

重耳受邀到了秦国之后，秦穆公为了能够巩固与重耳的关系，就想与他结亲。可是这些结亲的女子中，却有怀嬴。为此，重耳想要拒绝。而他的谋士却认为不必如此，因为圉已经抛弃了怀嬴，所以，重耳娶怀嬴并不会乱了辈分。重耳也想得到秦穆公的支持，于是就答应了这门亲事。

与重耳结亲后，秦穆公就开始为重耳重返晋国积极准备。公元前636年，秦军强渡黄河，与晋军交战，成功打败了晋军，而且杀死了晋怀公。重耳这时重返晋国，在众大臣的拥立下登上了王位，他就是晋文公。重耳的流亡经历，使他更加懂得如何治理一个国家，最终他成为一位明君。

退避三舍

晋文公推行了一系列富国强兵的政策，稳定了国内局势，提升了国家实力。晋文公需要一个在诸侯中显示自己实力的机会，提升自己的威望。就在此时，一个机会摆在了他的面前。周朝出现了异动，周襄王被自己同父异母的弟弟叔带夺位，周襄王带着残部逃到了郑国，并向各诸侯发出求救信号。

晋文公抓住这次机会，亲自带兵勤王。公元前 635 年，晋文公帮助周襄王重返都城，并杀死了叔带。

周襄王为奖励晋文公的勤王之功，将离京城较近的四个都城赏给晋文公。自此，晋国的国土面积扩大了数倍，在诸侯国之间的威信也得到了提高。然而，晋文公的野心不仅于此，他想要成为像齐桓公一样的霸主。于是，晋文公更加努力地扩充自己的军队，并将原有的二军建制扩充为三军建制，进军大国行列。

公元前 633 年，楚成王攻宋，宋无力抵抗，向晋求助。晋文公权衡利弊后，决定帮助宋国。晋文公于次年任命先轸（zhěn）为帅，攻打楚国的盟国曹国与卫国，逼楚国回救，以解宋国之危。

楚成王知道曹国被攻下后，就要求成得臣回楚国。但是成得臣好大喜功，执意与晋文公开战。晋文公为履行自己当初的承诺，在遇到楚军的时候，主动退让，直到退了三舍后，才下令扎营。

后来，晋国军队与楚军在城濮（pú）开战。楚军寡不敌众，连中晋军的埋伏，损失惨重。晋文公却并没有赶尽杀绝，而是为报当年楚国的礼遇之情，将楚国的士兵放回了国。成得臣却因无脸再见楚成王而自杀了。

晋文公大胜楚国，声望一时无两，同时他也得到了周襄王的嘉奖。晋文公于是趁机要求诸侯会盟。在诸侯会盟中，晋文公将战争所得献给了周襄王，同时，晋文公也得到了周襄王的特别授命：可以直接代周襄王讨伐不轨诸侯。自此，晋文公成为新的霸主。

弦高机智救国

郑国虽然表面上答应与中原各国联盟，但是暗地里却仍与楚国勾结。所以，晋文公打算讨伐郑国。他联合了秦穆公，一起发兵攻打郑国。

但是在围困郑国时，秦国出尔反尔，独自答应了郑国开出的条件，还让将军杞（qǐ）子率两千人驻扎在郑国的北门。晋国对秦国的这一举动十分不满，但是晋文公却不愿与秦国交恶。他只是一味地攻打郑国，并且成功占领了郑国。晋文公占领郑国后，就立了公子兰为新一任的郑国君主。秦国知道这件事后，十分不满。但是秦穆公与晋文公之间毕竟有着姻亲关系，不好与晋文公翻脸，秦穆公只能忍了下来。

弦高拦住秦国军队

后期，晋国的一些元老级人物纷纷去世，可以说，晋国的骨干力量被削弱了。秦穆公认为这是一个机会，是他可以做霸主的机会。

公元前628年，驻守在郑国的杞子向秦穆公报告说，晋文公刚刚去世，郑国没有了晋国的保护，只要秦国发兵进攻，一定能够消灭郑国。

秦穆公紧急召集了众大臣商议如何攻打郑国。但是在会议上，百里奚和蹇叔却极力反对攻打郑国。但是秦穆公没有听他们的劝告，执意发兵攻打郑国。当秦国的军队到达滑国边境时，突然有郑国的使者求见。这个使者自称是弦高，送来各种物资以感激秦军的护卫之情，并且试探秦国将领是否要将军队带到郑国。

秦国领军的主将为孟明视，他接见了弦高后，认为郑国已经有了防备，并不适合去偷袭。所以，他只能在灭了滑国后，返回了秦国。

其实，弦高并不是郑国的使者，他只不过是一个普通的郑国商人。在秦国发兵后，弦高从刚刚返回郑国的老乡口中得知秦国要来攻打郑国。弦高为此很着急，他立即派人联系郑国的国君，同时准备了一些物资在滑国的边界等到了秦国的军队，从而挽救了郑国。

而郑国的国君收到弦高的消息后，赶紧派人查探秦国驻守郑国的军队的动态，果然秦军有异动。郑国国君旁敲侧击，使得秦国将领大感不妙，连夜逃回了秦国。

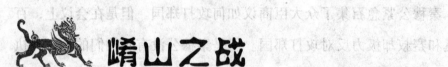

崤山之战

秦军灭了滑国后，在返回秦国的途中路过崤（xiáo）山（今河南境内），在这里秦国的军队遭到了晋军的偷袭。在崤山，孟明视带领的秦军无论如何也无法冲破晋军的包围，兵将死伤惨重。最终，孟明视与西乞术、白乙丙做了晋军的俘虏。

晋军之所以会在崤山埋伏，主要是因为晋国的将领先轸在晋文公将要出殡时，听说秦国的孟明视要偷偷地带大军去攻打郑国。于是他就向晋襄公请战，要在崤山设埋伏。先轸将俘虏的秦国兵将带到晋襄公面前，晋襄公想要将他们作为祭品，来祭奠自己的父亲。

这时，秦穆公的女儿怀嬴，也就是晋襄公的后母，劝晋襄公放了他们。怀嬴认为毕竟两国是联姻关系，这些兵将打了败仗，秦穆公自然会收拾他们，如果晋襄公杀了他们，会伤了两国的和气。晋襄公听了怀嬴的话，将秦国的三个将领放了。

先轸听说了这件事，大骂晋襄公不该听信妇人之言，晋襄公也很后悔，于是派大将阳处父去追人。孟明视和西乞术、白乙丙到了黄河边，眼看着晋军就要追到近前，在无路可走时，见到黄河边上有一条小船，便跳到了小船上。小船上的人正是秦国的大将公孙支。原来，公孙支是蹇叔特别安排在这里的，就是为了能够接应孟明视等人。三人上船后，公孙支立刻命令开船。阳处父追到了黄河边，也无济于事了，他只能看着孟明视等人越走越远。

孟明视等人回到秦国后，秦穆公亲自出来迎接，孟明视等人纷纷请罪。而秦穆公则认为错在自己，并没有责怪他们。

从这以后，孟明视等人接连请战，要求攻打晋国，以报崤山之仇。然而，两次出兵，秦国都以失败告终。公元前624年，秦穆公亲自出征，第三次攻打晋国。这次，秦国军队长驱直入，夺取了晋国的王官城，晋军未敢出城交战。秦穆公知道晋国强大，自己暂时不能与之争雄，就向西发展。西部的小国也愿意归顺于秦，秦国的国土面积扩大数倍。周襄王为此赏赐给秦穆公十二只金鼓，秦穆公终于成为西部的霸主。

一鸣惊人

楚成王时期，楚国便是南方的大国。在楚庄王刚刚即位时，晋国大夫赵盾，紧急召集了几个诸侯国，订立了新的盟约，晋国被选举为盟主。楚国的大臣们却不服气，想要楚庄王去与晋国相争。但是楚庄王似乎没有什么雄心壮志，也不想去竞争霸主头衔。他每天白天狩猎，晚上喝酒看歌舞，对国家大事全然不上心。

楚庄王

楚庄王还下令不准有人进谏，否则严惩。楚国的大臣都将楚庄王看作昏君。这样的情况一直持续了三年。

一天，楚国的大臣伍举觐见，并给楚庄王出了一个谜题。楚庄王立刻就解出了谜底，这个谜语后来衍生出了"一鸣惊人"这个成语。伍举对楚庄王的答案很满意，就不再劝谏楚庄王了。过了一段时间，楚庄王认为时机已经成熟，于是，他开始大力整顿吏治、改革政治，积极招兵买马、训练军队，准备争夺霸主之位。楚庄王先收服了周边的一些小国，扩大了自身实力。随后，他又打败了宋国。公元前606年，他亲率大军打败戎族。同时，楚庄王还在周朝都城边界以阅兵为名示威，周天子在惊吓之余，不得不采取安抚的手段。

楚庄王在阅兵回城的途中，遭遇了政变。原来楚国的令尹早有造反之心，一直在等待机会。而这次楚庄王亲自带兵出征，令尹觉得时机到来，于是立刻夺取了楚国都城，并想在半路截杀楚庄王。楚庄王设计打败了令尹。

楚庄王平叛后回到都城，便提升孙叔敖为令尹。孙叔敖升任令尹后，大力改革不合理的制度，积极发展农业，整顿军纪，还动员楚国人开辟了一条当时楚国最长的河道。此后，楚国越来越强盛。公元前597年，楚国发兵攻打郑国，晋国军队前来救援，楚军在邲（bì，在今河南荥阳北）大败晋军，楚庄王实现了"一鸣惊人"的承诺。自此，楚庄王也荣登霸主宝座。齐桓公、宋襄公、晋文公、秦穆公、楚庄王先后做了霸主，历史上称"春秋五霸"。

赵氏孤儿

晋景公时期，奸臣屠岸贾（gǔ）得势。屠岸贾忌恨赵盾，想尽办法要杀赵盾，但是始终没有得逞。后来，赵盾死了，赵家的势力依然强大。这时的晋景公开始忌惮赵家，屠岸贾了解到晋景公的心思，于是鼓动晋景公杀了赵盾的后人及族人。但是，赵盾的儿媳庄姬却活了下来。

庄姬是成公的姐姐，她当时已经怀有身孕，为躲避屠岸贾的追杀，她住到了母亲的宫中。屠岸贾一直想除掉赵家的这个遗孤。同时，赵朔的朋友程婴以及门客公孙杵（chǔ）臼也在打听赵氏孤儿的事情。

后来，庄姬生了一个儿子，起名赵武，她将这一消息通知给了程婴。而屠岸贾也知道庄姬生了孩子，便想斩草除根，但是他却没有找到那个孩子。屠岸贾于是展开了全城搜捕，同时还下发海捕文书。在程婴与公孙杵臼实在没有办法的情况下，程婴主动去告密，将赵氏孤儿的下落告诉了屠岸贾。屠岸贾于是带着人马赶到了程婴所说的地方。

在那里，屠岸贾遇到了想要逃走的公孙杵臼，同时在草棚中找到了一个婴儿。屠岸贾认为这个婴儿就是赵武，于是将婴儿和公孙杵臼都杀了，程婴自此成了一个卖主求荣的小人。然而，这只是程婴和公孙杵臼的计谋，程婴用别人的刚出生的孩子换得了赵武的性命。这件事当时只有大臣韩厥（jué）知晓。

后来风波平息，程婴带着赵氏孤儿归隐山林。不久，晋景公生病了，韩厥趁机提出了当年赵氏的冤案，还说出了赵氏孤儿的事情。晋景公得知此事，便秘密将赵武和程婴接回宫中。晋景公装病不上朝，大臣们纷纷去宫中看望。在大臣们都进宫之后，晋景公趁机提出了当年的赵氏冤案，同时也请出了赵武和程婴。晋景公借题发挥（借谈论另一个题目来表达自己真正的意思），立即命令兵士斩杀了屠岸贾。

至此，赵氏冤案得以平反，赵武也被任用。

晏子访楚

晋悼公去世后，晋悼公的儿子继位，为晋平公。晋平公在位期间，晋国的实力又开始衰弱。公元前 531 年，楚灵王攻打陈国和蔡国，这两家纷纷向晋国求援，晋平公却拒绝援救。而齐景公认为这是一个机会，可以使齐国接替晋国成为霸主。于是他便派晏子出使楚国，探察楚国的国力。

楚国知道齐国要派使者来，想要羞辱齐国一番。于是在城门上开了一个小洞。晏子看到这个小洞，就说道："这分明是狗洞，如果我要走狗洞，证明我来的是狗国，如果我来的是人国，当然应该走城门。"接见晏子的官员立刻将此话传给了楚灵王。楚灵王只得为晏子开城门。

楚灵王接见了晏子。楚灵王一见晏子就讥讽齐国无人。但是晏子却言辞得体，在反驳了楚灵王的同时，也间接将尴尬的问题抛回给楚灵王。由于晏子口才出众，楚国的大臣们一直找不到羞辱晏子的机会。楚灵王见一计不成，又心生一计。他让人押了一个囚犯上来，原来这个囚犯是齐国人，所犯的罪是偷盗。楚灵王就嘲笑齐国人没出息，做的事情太出格。晏子却不紧不慢地反驳："橘在淮南称为橘，而在淮北就称为枳（zhǐ，也叫枸橘）。淮南的橘甘甜可口，而淮北的枳则苦涩难吃，这是水土不同的缘故。就好比齐国人，在齐国就能安居乐业，在楚国就干出偷盗的事情，也许也是水土不同的原因吧。"楚灵王和大臣们终于见识到了晏子的能言善辩，不由心生敬佩，没有再为难他。

晏子回到齐国后，告诉齐景公楚国外强中干，只要齐国好好推行吏治，并且选用贤能，发展军事，就一定能更加强盛。

随后，晏子还为齐景公推荐了田穰（ráng）苴（jū）齐景公任命其担任大司马。在晏子和田穰苴的管理下，齐国逐渐强大起来。后来，晋国与燕国来攻打齐国，虽然前期得到了几个边境的城镇，但是随着齐国的反击，这些城镇又被收回，晋国和燕国不得已，只能与齐国讲和。自此，齐国的威势逐渐强盛，而晋国则威势下滑。

伍子胥逃亡

　　公元前 528 年，公子弃疾发动政变，夺得了王位，他就是楚平王。楚平王刚登上王位，出台了很多有利于百姓的政策。但是后来，他逐渐堕落，只知道享乐，而且还宠信奸臣费无极，弄得民不聊生。

　　当时，楚国与秦国联姻，秦王想要将自己的妹妹嫁给楚国的太子建。但是在迎亲的途中，费无极看到了秦王妹妹的美貌，将人掉了

伍子胥

包，把秦王的妹妹送给了楚平王。这件事最终败露，楚平王忌惮太子建，费无极就劝楚平王将太子建废掉。于是，楚平王将太子建的老师召到都城，想要其污蔑太子建要造反，但是太子建的老师没有同意，费无极就让楚平王将太子建的老师的两个儿子都召到都城处死。太子建的老师有个儿子叫伍子胥（xū），见势不对就连夜逃走了。

楚平王发现了这件事，下发海捕文书，并严查出城的人。伍子胥乔装打扮逃到了宋国，与太子建会合。没多久，宋国却发生了内乱，太子建只能和伍子胥逃到郑国。在郑国，太子建想要夺取郑定公的权，此事被发现后，太子建便被郑定公杀了。伍子胥见势不对，就带着太子建的儿子公子胜逃往吴国（都城在今江苏苏州）。

伍子胥逃亡到昭关（今安徽含北山）时，遇到了困难。在无计可施时，他遇到了一个好心人，叫东皋公。他将伍子胥藏到了自己家中。伍子胥不敢在此地多待，很着急。他辗转反侧一夜未眠，早上起来时，一照镜子，发现自己的头发、胡子全都白了，伍子胥为此很伤心。但是同时，伍子胥的面貌也不容易被认出来了。东皋公找了一个与伍子胥面貌相似的人带伍子胥出昭关。在城门口，这个人被误认为是伍子胥，在一片混乱中，伍子胥带着公子胜逃走了。

那个人在东皋公的帮助下，被确认并不是伍子胥，守城官只能将其放了。伍子胥带着公子胜逃到吴国后，帮助吴王阖闾（hé lú）夺得政权。同时，伍子胥又帮助吴国发展政治和经济，使得吴国逐渐强大起来。

孙武拜将

吴王阖闾执政后，伍子胥为了能够壮大吴国，就想要帮助阖闾训练军队。伍子胥认识一位隐居的军事家——孙武，在伍子胥的大力推荐下，孙武被吴王请出了山。

一日，吴王与孙武探讨兵法。但是吴王认为只是言语上谈论，并不能了解到什么，于是吴王挑选出一百八十名美女来做军事演练。吴王让孙武训练她们，并让自己的两个宠妃带队。

在一百八十名美女准备好后，孙武就将她们分成了两队，队长由吴王的爱妃担任。同时，让她们穿上盔甲，手拿兵器。孙武很细心地教她们站队，以及一些基本的操练要领。一开始这些美女觉得很好玩，都很听孙武的话，队列也很整齐。但是没过一会儿，美女们就开始觉得无聊，就没有开始那么严肃了，在孙武发令时，嘻嘻哈哈，马虎了事。孙武见此情景，就要求队长负责组织队伍，如果再出现问题，就要治队长的罪。

随后，孙武又进行了一次演练，而这次美女们依然我行我素。于是孙武就叫来了执法官，并且要求将两个队长斩首。

吴王赶紧让大臣来劝说孙武，希望能够放了他的两个爱妃。但是孙武却说军中自有军纪，将在外君命可有所不从，硬是斩了两个队长。在两个队长被斩首之后，一百八十名美女中再无人敢怠（dài）慢，队列整齐，步伐一致，显然已经具备了正规军的水准。

吴王因孙武没有因他的话而放了自己的两个爱妃，很生气，于是就想弃用孙武。但是伍子胥却劝吴王留下孙武，认为军事良才难得，而美人随处都有。最终，吴王采纳了伍子胥的建议，任用孙武，安排孙武做了上将军，同时封他为军师，负责训练吴国的军队。在孙武的严治下，吴国的军事实力得到了飞速提升。

公元前 506 年，吴王亲自率领大军攻打楚国，孙武为大将，统帅六万大军。最终楚国战败，吴军占领了楚国的都城。吴军占领楚国都城后，伍子胥命人挖出了楚平王的尸体，以鞭尸的手段报了仇。

孙武

孔子宣传思想

　　吴国与楚国的争斗进入白热化阶段时，其他诸侯国也出现了动荡。其中，鲁国出现的动荡最为严重。公元前510年，鲁国的国君被大臣季孙意如驱逐，季孙意如改立公子宋为国君，他自己则总揽大权。自此，鲁国就成为一个国君为摆设，而大臣掌控实权的诸侯国。当时的鲁国，真正掌握实权的就是叔孙氏、季孙氏以及孟孙氏这三个家族。

　　而在这三个家族执政的过程中，他们也逐渐被家臣谋害并篡权。季孙氏在季孙意如死后，由季孙斯继承权位，但是他的家臣阳虎却野心勃勃，想要夺权。公元前505年，阳虎发动政变，挟持季孙斯夺取了季孙斯的权位。公元前502年，阳虎再次发难，季孙斯只能逃到孟孙氏的地盘。孟孙何忌有个老师叫孔丘，他已经提前预料到了这次叛变，于是让何忌做好准备，最后将追杀季孙斯的阳虎打败。

　　孔丘就是我们熟知的孔子。他自幼丧父，家中贫困。但是他很上进，饱读诗书。孔子提倡诸侯国治理国家的时候，要采用德治，而且他还提出要"正名"，不可出现僭（jiàn）越的情况，他还主张

"仁"和"礼"。

孔子的主张虽好，但是也触犯了一些人的根本利益，所以，孔子一直受到各诸侯国的排斥，没有一个诸侯国愿意留用他。孔子在周游列国后，不得已，回到了自己的国家鲁国，当时正好赶上阳虎叛乱，凭借他的机警，孟孙何忌保住了地位。

公元前500年，孔子随鲁定公与齐景公会盟，又因孔子的机警，使得齐景公想要绑架鲁定公的阴谋失败。后来孔子荣升大司寇，他便开始施展他的才能，鲁国在他的治理下也开始兴盛起来。但是鲁定公并不是一个英明的君主，孔子渐渐对他失望，于是又开始周游列国。

晚年，孔子还是回到了鲁国。他放弃了从政，开始一心教学。他整理了很多典籍，如《诗》《书》等。同时，他还将鲁国史官记载的《春秋》一书加以册修。公元前479年孔子辞世。我国一般将公元前770年到公元前476年列为春秋时期，也就是说，孔子去世后的第四年，我国就进入战国时期。

孔子广收弟子

孔子积极地在各国宣扬自己的主张，但是没有受到各诸侯国的重视。当孔子来到陈国后，萌生出了放弃自己的政治理想、投身教育事业的想法。于是他便回到了鲁国。

孔子回到鲁国后，便一心投入到教育事业中。他开办私塾，并且所收学费低廉。孔子秉持着"有教无类"的理念来教化弟子，他认为每个人都有受教育的权利。

孔子在教学过程中，坚持因材施教，在恰当的时机进行点拨，使得弟子能够自己动脑筋思考问题，从而推动弟子的个性发展。孔子办学一段时间后，名声就传开了，他所收的弟子也越来越多。

孔子注重启发式教学，希望弟子能够做到举一反三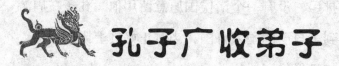（从一件事情类推而知道许多事情。也说一隅三反）。他提倡"学而时习之""不知为不知"的学习态度，学习中不懂就要问，不能够不懂装懂。孔子所收弟子总共有三千多名，据说其中杰出的弟子有七十二名。在这七十二名弟子中，有很多是寒门子弟，子路就是其中之一。子路家里很穷，但是子路有着良好的学习态度，而且踏实肯学，孔子很欣赏子路。孔子常常夸奖子路，说他就算是穿着破衣，也不会在穿着裘皮大衣的人面前自卑，这样的人，一定能够成大事。

子路每每听到孔子的夸奖，都很谦虚，没有骄傲也没有自满，而是更加虚心地接受更多的意见，以平常心面对各种夸赞，踏实地学习。孔子虽然常常夸子路，但是也希望子路能够在道德上更加完善，这样才能够进一步提高修养。

孔子可以说是我国春秋时期一位伟大的教育家和思想家。另外，孔子的弟子和再传弟子还将其言行记录了下来，编为《论语》一书。孔子的学派被后人称为儒家学派，孔子是儒家学派的创始人。因为他对中国文化作出的突出贡献，后人都尊称孔子为圣人。孔子办学无疑是十分成功的，他也成为中国历史上伟大的教育家之一。

商人子贡

　　子贡是孔子的得意门生之一。子贡在春秋时期，是知名的大商人。子贡很善于经营，他发财致富也是靠着自己过人的经营才能。子贡在经营中，很善于对市场进行预测。他总能以最低的价格购进商品，然后再以高价卖出，从中间获取高额的差价。

　　一次，子贡与孔子在一起讨论问题，两人讨论得很热烈。子贡当时问了孔子一个问题："如果有一块美玉，是应该将其收藏起来呢，还是应该将其转手卖出去？"孔子回答道："应该卖出去。"子贡听了孔子的回答之后，很开心，原来老师和他有着一样的想法。后来这一故事也产生了一个成语，就是待价而沽（等待有好价钱才出售，旧时比喻等待时机出来做官，现多比喻等待有好的待遇、条件才肯答应任职或做事）。

　　子贡很尊重孔子。一次，他问孔子如何看待自己。孔子说他很有出息，很成器，就如同瑚琏（liǎn，古代宗庙盛黍稷的器具）。子贡很开心老师将自己比作瑚琏。然后，他又问孔子，自己是否有从政的才能。孔子反问他，他与颜回谁更加厉害。子贡自知比不上颜回，就如实回答。孔子很欣赏子贡的自知之明，但是孔子也说，颜回在经商上比不上子贡。孔子很看好子贡的经商才能，于是鼓励子贡经商。同时，子贡为感谢老师，承包了孔子周游列国的经费。孔子没有过多地收子贡的钱。

卧薪尝胆

公元前497年，勾践继承越王位。吴王阖闾认为有机可乘，便想要攻打越国。伍子胥曾劝谏，但是吴王没有听他的话。后来，吴王阖闾亲自带兵攻打越国，但是失败了，阖闾也在战争中受了重伤，不治身亡。

吴王阖闾死后，他的儿子夫差继位。夫差登上王位后，立志要为父亲报仇。夫差命令伍子胥与伯嚭（pǐ）训练兵马，而自己则天天练习射箭。公元前494年，夫差认为自己准备妥当，便出兵攻打越国。这一次，夫差亲自在战场上击鼓助威，吴国的士兵士气高涨，越国都城被攻破，越王勾践命令范蠡（lí）坚守城池，自己则带着文种与五千残兵逃到了会稽（kuài jī，今浙江绍兴地区）。

越王勾践眼见越国将要不保，于是与文种商讨办法。文种则为勾践出了一个主意，让他找多名美女和各种金银财宝，带着去找伯嚭，请求伯嚭为他们说情。伯嚭本身就是一个见利忘义的小人，他接受了越王勾践的礼物，并积极帮助越王勾践求情。本来夫差并不答应，但是越王勾践提出，愿意携带妻子到吴国做人质后，夫差认为这样也可以，就答应了越王勾践的提议。伍子胥虽然反对，但是夫差并没有听进去，反而对伍子胥越来越疏离。

后来，越国保住了。勾践带着自己的妻子和范蠡到吴国生活。在吴国，他们负责喂马，过着奴仆一样的生活。夫差开始还比较忌惮勾践，但是随着时间的流逝，夫差的警惕心也渐渐消失。有一次，夫差病了，勾践还品尝夫差的大便，从而辨别夫差的病情，这使得夫差彻底放下了对勾践的警惕，还把勾践放回了越国。

勾践

勾践回到越国后，依然对吴国恭恭敬敬，每年都上缴贡品。勾践将越国的都城迁移到了会稽，积极发展农业，促进生产，立志要报吴国灭国之仇。勾践还将苦胆挂在自己床头，每天尝一下，以时刻提醒自己不忘旧耻。这就是有名的卧薪尝胆的故事。后来，越国逐渐强盛起来。

属镂宝剑杀功臣

文种是越国大臣，他一面帮助越国提升实力，一面想尽办法削弱吴国的力量。他知道吴王夫差要在姑苏台上建春宵宫，便送去很多大木头，尽可能地提高建筑的面积和体积，消耗吴国的人力、物力和财力。

另外，文种又在全国范围内挑选了两位美人，其中一位就是西施。文种将西施送给夫差后，夫差很喜欢，整天与西施饮酒作乐，不理朝政。后来，文种又以饥荒为名，向夫差借了很多粮食，并在来年的春天，将蒸煮过的种子还给夫差。吴国百姓就拿这些种子种地，结果颗粒无收，吴国闹起了饥荒，百姓对吴王夫差渐生不满。

公元前484年，吴王夫差亲率十万大军与齐国交战，并取得了战争的胜利。越王勾践带领大臣来为他贺喜，吴王很高兴，赏赐了越国很多土地。伍子胥了解情况后，极力劝谏，但是夫差都没有听，甚至还对伍子胥越来越厌烦。而伯嚭为了夺得相国之位，便怂恿夫差杀了伍子胥。结果吴王夫差赐给伍子胥一柄名为属镂（lòu）的宝剑，让伍子胥自裁。伍子胥十分愤恨，让人在他死后，将他的眼睛挖出来挂在东城门上，他要看着吴国灭亡。

伍子胥死后，不久，吴王夫差又带兵北上，与晋定公等商讨会盟之事。这时，越王勾践率兵直逼吴都。吴王夫差接到急报，返回吴都，只好与越王勾践议和，勾践暂时答应了议和要求。

公元前473年，越王勾践又兴兵伐吴。这次，吴国被打得毫无还手之力，只能请求勾践放过吴国，但范蠡并不同意。越国的大军将夫差围困在阳山，夫差看不到活下去的希望，于是拔剑自刎了。

在越国占领了吴国国都后，范蠡便离开了。原来，范蠡早就认清了勾践的为人，这种人只能共患难，而无法共富贵。他劝文种和他一起走，但是文种没有听范蠡的话，而是留了下来。后来，勾践越来越忌惮文种，怕他功高盖主，于是就赐给他一把宝剑让他自裁。据传，这把宝剑就是属镂宝剑。

越国占领了吴国的土地，自此成了一个大国。同时，周元王也赏赐越国很多东西，并封勾践为伯，即诸侯之长。

墨子宣扬"兼爱""非攻"

如果说孔子的思想是维护统治阶级的利益，那么墨子的思想就是维护人民群众的利益。

墨子就是墨翟（dí），墨家学说的代表人物。墨子出生在宋国，曾在宋国担任过大夫。他也在鲁国任过官职。他认为应该坚持"兼爱""非攻"的思想。他主张维护劳动人民的利益，不提倡战争。

墨子为了践行自己的主张，穿的是粗布衣服，吃的是粗粮。他与劳动人民同甘苦，提倡节俭，反对浪费。另外，墨子对自己的弟子要求非常严格，他教自己的弟子如何巩固城池，因此，他的很多弟子都是守城的将才。为了使遭到其他诸侯国侵略的国家可以保持稳定，每当有战争发生的时候，他便带着弟子到被侵略的国家去帮助他们坚守城池，他的弟子都表现得很英勇。

墨子

后来，楚国要攻打宋国，墨子凭借自己的机智和才能说服了楚王，才使得宋国免遭劫难。墨子在劝说楚王后，就准备带着自己的弟子回到鲁国。可是在路过宋国一个城的时候，天公不作美，下起了大雨。守城士兵以为他们是别国派来的间谍，说什么都不给他们开门。墨子对这种事情并没有过多计较，他与他的弟子就在城门下的一个洞里避雨。雨停之后，墨子便带着自己的弟子继续赶路回鲁国。

虽然墨子帮助了宋国，阻止了战争的发生，但是在当时那个动荡的年代，战争是不可避免的。即使墨子有才华，也有足够的军事能力，但是他的思想毕竟与社会的现状不符，所以他的思想是不会被当时的统治阶级接受的。他的思想注定无法在任何诸侯国得到实现。

墨子回到鲁国后，虽然知道自己无法得到重用，自己的思想也不会受到统治阶级的欢迎，但是他依然积极地宣扬自己的思想主张。墨子死后，他的弟子继承了他的遗志，并且将他的言论编成了一本书，这本书就是《墨子》。

三家分晋

在晋顷公时期，晋国的实权掌握在四个卿大夫手中，他们分别是韩康子、魏桓子、赵襄子和智伯瑶。而晋顷公是智伯瑶扶上位的，因此，他的权力最大。

智伯瑶权力越来越大，他的野心也越来越大。这时候，他就想要独霸晋国。他与自己的谋士一起商量办法，他的谋士便给他出主意，先借着晋顷公的名义向其他三个卿大夫要土地，哪家不给，再打哪家。韩康子与魏桓子听了这样的要求，虽然很生气，但是也没有反抗。只有赵襄子执意不肯割让土地。这时，智伯瑶就以赵襄子不肯听从晋顷公号令为借口，联合其他两个卿大夫讨伐赵襄子。赵襄子见三家来势汹汹，就听从了他的谋臣张孟谈的意见，将人和物资都转移到了晋阳（今山西太原），但是匆忙间忘了转移兵器。这时候，张孟谈又为赵襄子出主意，说可以先用宫殿的铜柱做箭头和剑戟（jǐ），用内墙中的苇秆（gǎn）和荆条做箭杆。这样，兵器的问题就解决了。

这场战役打了一年多还没分出胜负，智伯瑶于是狠下心，在雨季的时候，将晋阳城上游的堤坝破坏，打算水淹晋阳。这招大出赵襄子意料，城中百姓只能仓促地躲在高处，这时候的晋阳可以说已经岌岌可危（形容十分危险，快要倾覆或灭亡）。张孟谈这时候依然镇定，他请赵襄子先将水截住，然后他连夜见了韩康子和魏桓子。他告诉他们，智伯瑶野心太大，赵襄子完了就会轮到他们，希望他们可以与赵襄子一起对付智伯瑶，最后三家平分智伯瑶的土地，三家和平相处。本来韩康子、魏桓子就有此想法，只是犹豫不决，张孟谈的到来使得韩康子与魏桓子下定了决心，与赵襄子联合，一起对付智伯瑶。

最终，智伯瑶反而被自己水淹晋阳的办法困住，在逃跑的途中还被其他三家活捉了，最终他被满门抄斩。公元前403年，韩、赵、魏三家一起要求周威烈王封他们为侯。在三家封侯后，他们分别建造了都城，晋国从此便不存在了。

战国七雄

西门豹整顿邺城

　　韩、赵、魏三国中，魏国发展最为迅速。魏国的国君魏斯是一个有远大志向的人。他任用贤臣，远离小人，广纳谏言，魏国在他的治理下也越来越强盛。同时，因为魏斯知人善任，也招揽了很多有名之士。其中就包括西门豹。

　　西门豹在魏国的邺城做了邺令。在邺城，他通过明察暗访，得知当地之所以荒凉、人烟稀少，是因为总有水患的威胁。而这里的巫婆和地方官吏相互勾结，要求每年都送一个年轻女子给河伯做新娘，只有这样才能免除水患。而百姓为了能够保住自己的女儿，很多人都拖家带口地逃走了。每到敬献河伯的日子，地方官吏还会巧取豪夺，私吞钱财。

　　西门豹了解了当地的情况后，于河伯娶亲的当天，带着卫兵亲自去参加了仪式。在巫婆要将选中的新娘扔到河里时，西门豹制止了巫婆的行为，并且要求看看新娘漂不漂亮。西门豹看到被选中的新娘一脸的泪痕，心中很生气。于是他就让巫婆去和河伯说一下，他会另选一个更漂亮的新娘送给河伯。西门豹说完这话后，他的卫兵就将巫婆扔到了河里。很长时间过去了，巫婆都没有回来，于是西门豹就借机将巫婆的女弟子和一些豪绅官吏都扔进了河里。剩下的豪绅和官吏都吓坏了，于是承认了自己联合巫婆搜刮百姓钱财的事情。西门豹最终没收了他们的全部财产，还给了百姓，然后还当众下令以后不许再有这种为河伯娶亲的行为。

西门豹破除了迷信并打击了贪赃枉法的豪绅官吏，他又带着百姓开凿水渠，有效地治理了水患。当地的百姓为了感念西门豹的恩情，将开凿的引水渠称作"西门豹渠"。自此，邺城逐渐兴盛起来。

墨子破云梯

公元前 488 年，楚昭王去世，楚国新任的国君是楚惠王。楚惠王不断发展楚国经济，渐渐地，楚国的国力得到了恢复。这时，楚惠王就想进攻中原。为了能够顺利地抢占中原，楚惠王还任命公输般为大夫，公输般也就是人们熟知的鲁班。楚惠王让公输般帮他制造了一个攻城的利器，即云梯。这种梯可以放在战车上，在攻城的时候，可以搭在城墙上，使得士兵可以踩着它翻越城墙。

有了云梯，楚惠王就想进攻宋国。墨子知道这件事情后，就赶紧来到楚国。他见到了公输般，并且要求公输般能够放弃帮助楚惠王攻打宋国。公输般被说动后，他又要求公输般带他去见楚惠王。

墨子见到楚惠王，巧言辩论，暗讽楚国是偷窃者。楚惠王听了他的话，很羞愧，但还是没有放弃进攻宋国，而且云梯已经造好，如果不加以利用将会是一个极大的损失。这时，墨子要求楚惠王能让他与公输般比试，他有信心可以破公输般的云梯。

于是，楚惠王就安排他们进行攻防战。墨子将自己身上绑着的腰带解了下来，围成一个圈放在地上，当作城墙。另外，墨子还拿来几块木板当作工具，就这样，两个人模拟进行攻防战。在这次攻防演示中，公输般用了九种方法来攻城，而墨子也用了相对应的九种方法来守城。最终，公输般的方法都用尽了，可依然没有攻进城里。而墨子的守城方法却还有很多没有使出来。公输般最后突然说，他找到了一种最简单的进攻方法，而墨子领会了他的意思。原来公输般认为只要杀了他，就没有人能够破云梯了。但是墨子却早就做好了准备，他已经将破云梯的方法教给了自己的弟子，即使自己死了，公输般的云梯依然起不到作用。至此，公输般只能认输。

楚王知道墨子能够破云梯后，就知道这场仗没法打了，于是放弃进攻宋国。

神医扁鹊

扁鹊

魏文侯魏斯知人善任，逐渐壮大了魏国。魏国夺取秦国的五座城池后，齐国、韩国和赵国都向魏斯祝贺。其中，齐国的大臣田和更是将他当作新任的霸主。田和之所以这样做，就是想要得到魏斯的支持。由于齐国的几任君主全都不理朝政，骄奢淫逸，弄得民不聊生，田和就想要取代齐康公，坐上君主的位置。

田和做相国期间，魏文侯对他大加支持，后来田和将齐康公赶出了齐国的都城，将他流放到一个荒芜的小岛上。然后田和就要求周天子封他为侯，公元前386年，田和封侯，成为齐国的又一任君主。而田和在登上王位两年后就去世了，他的儿子田午继承了王位，人称蔡桓公。

蔡桓公时期有个著名的医者，他就是扁鹊。其实扁鹊本名叫秦越人，但是因为他医术出众，人们都用黄帝时期的一个神医——扁鹊的名字来称呼他，渐渐人们就忘记了他的本名，只记得他叫扁鹊。一次，扁鹊看到了一个据说已经死了很多天的人，他发现这个人并不是真的死了，而是处于严重昏迷的状态，于是他就为这个人针灸（jiǔ，针法和灸法的合称。针法是把毫针按一定穴位刺入患者体内，用捻、提等手法来治疗疾病。灸法是把燃烧着的艾绒按一定穴位熏灼皮肤，利用热的刺激来治疗疾病）了一下，没想到这个人就活了。后来扁鹊又为他开了一个药方，渐渐地这个人的病就全好了。这件事之后，人们都称扁鹊有起死回生之能。

一次，扁鹊见到了蔡桓公，发现蔡桓公有病，于是想要给他看病。但是蔡桓公自认没有病，便拒绝让扁鹊给他看病。过了不久，扁鹊又见到了蔡桓公，并且想要给他看病，蔡桓公还说自己没有病，坚决不让扁鹊看病。后来，扁鹊又一次看见蔡桓公，想要劝蔡桓公让自己给他看病，但是蔡桓公依然坚持自己没病，不需要治疗。此后又过了一段时间，扁鹊见到了蔡桓公，却只字没有提要给他看病的话，这使蔡桓公很疑惑，便让人去问。扁鹊回答道："前三次病症都有方可治，可是现在病已入骨髓，药石无灵了。"果然，没过几天，蔡桓公就突发疾病，不久就死了。

蔡桓公死后，他的儿子继位，他就是历史上有名的齐威王。

商鞅变法

战国初期，七雄中，秦国的实力最弱。秦孝公继位后，很想改变秦国的现状，于是广纳贤士。当时卫国有个叫商鞅的人，他知道秦孝公在广纳贤士，于是就自我推荐，并向秦孝公发表了自己的见解。秦孝公认为商鞅说的话很有道理，于是就任命商鞅为左庶长，全力支持商鞅进行制度改革。秦国的很多贵族和大臣对秦孝公此举提出了极大的异议，但是都被秦孝公驳回了。

在秦孝公的大力支持下，商鞅开始进行改革。公元前359年，商鞅制定了第一道改革法令。为了取信于民，商鞅还在南门口竖立了一根木头，表明如果有人能够将木头抬到北门，就赏金十两。但是没有一个百姓相信。后来商鞅又将赏金加到了五十两，终于有一个人愿意试试，他将木头抬到北门后，真的得到了五十两的赏金，大家这才相信了商鞅的话。

接下来，商鞅又公布新的法令。这项法令包括人们熟知的连坐（旧时一个人犯法，他的家属、亲族、邻居等连带受处罚）法等一系列法令。他重新定义了升迁制度，按照立功的多少和大小来决定其官位等级。

在商鞅的新法令颁布后，秦国成为实行地主制度的诸侯国，秦国的生产力大大提高，同时，秦国的军事力量也跟着提升。后来，商鞅又实行了一系列改革，他要求秦国开辟阡（qiān）陌封疆，将一些荒芜土地以及废弃土地等都重新划分并利用起来。同时将阡陌全部转换为可以种粮食的土地，并且他还提倡买卖田地。

另外，他还建立了以县为一级的管理机构。县中设立县令，管理一县的事务。而且县令都是直接由朝廷下派。同时，他还建议秦孝公将都城迁移到咸阳。

商鞅的变法手段过于强硬，加上他还制定了很多苛刻的刑罚，使得贵族阶级对他恨之入骨。秦孝公去世后，他就被贵族阶级陷害，最终被车裂而死。但是商鞅的变法却使秦国强盛了起来，为它日后统一六国打下了坚实的基础。

田忌赛马

　　齐威王在位时，很喜欢与臣子赛马。而齐国的一位名叫田忌的大将也很喜欢赛马，于是田忌经常与齐威王在一起赛马。他们比赛的规则很简单，每个人出三匹马，只要有一个人获胜两局，那么就算是取得赛马最终的胜利。但是田忌与齐威王长期赛马以来，从来没有赢过。

　　一天，田忌又与齐威王赛马。这次田忌与往常一样输给了齐威王。因为输了比赛，田忌心情很郁闷，他回到府中也是愁眉不展。从魏国逃难到齐国的孙膑就住在田忌的家中。他既是田忌的客卿，也是田忌的好朋友。他因受到同门师兄庞涓的陷害而不良于行，成了残疾人，但是他的军事才能依然使他很受田忌的器重。

　　孙膑看到田忌不开心，于是就问他怎么回事。田忌看见孙膑，就将自己输掉赛马比赛的事情告诉了他。孙膑听了他的话后，略微思考了一下，就要求田忌下一次赛马的时候，也将他带去。田忌觉得多一个人能够多出一份力，也许可以想到赢得比赛的办法，于是他就答应带着孙膑一起去。

不久，齐威王又要赛马。田忌就带着孙膑一起去。在第一场比赛中，田忌和齐威王都拿出了自己的上等马来对决。在第二场比赛中，两人又都拿出了中等马对决。而在第三场比赛中，两人也都拿出了下等马对决。而每场赛马，田忌都输给了齐威王。

孙膑观看过比赛后，就告诉田忌，其实他的马和齐威王的马差距并不是很大，只要下次比赛的时候，他能够按照自己的办法来，就能够赢齐威王。

不久，齐威王又要与田忌赛马。这次，田忌按照孙膑的办法，用自己的下等马对齐威王的上等马，田忌输了第一局。而第二局，田忌用自己的上等马对齐威王的中等马，赢得了第二局的胜利。第三局，田忌用自己的中等马对齐威王的下等马，也赢得了比赛的胜利。最终田忌以三局两胜的结果赢得了比赛的最终胜利。

孙膑与庞涓

　　魏惠王也学秦孝公搜罗人才，他招揽了庞涓（juān）后，又想招揽庞涓的师弟孙膑。庞涓对孙膑有着很大的忌惮，但是他又不能得罪魏惠王，便假意写了一封热情的邀请信，但是却请求魏惠王只给予孙膑客卿的身份。

　　孙膑很感激庞涓的举荐之情，老老实实做了客卿。庞涓一直都想要除掉孙膑，同时又想得到孙武的兵法。后来，庞涓伪造了一封假的家书给孙膑，信上说孙膑的叔伯希望孙膑能够回到齐国做官，然后庞涓又怂恿孙膑回信。同时，他买通了一个人搜出了这封信，将这封信交到了魏惠王的手上，污蔑孙膑要回到齐国，与魏国为敌。魏惠王看到信件，疑心顿起，就想要杀了孙膑。而庞涓为了能够得到孙武的兵法，就假意为孙膑求情，要求魏惠王将孙膑膝盖骨剜掉，然后在他脸上刻字，并由自己监管。

　　孙膑感激庞涓的救命之恩，就想把孙武的兵法写出来给他。一天，照顾他的仆人告诉他，只要他写完兵法，就会被庞涓杀死。至此，孙膑才知道庞涓的险恶心思。于是就将写好的兵法全烧毁，并且开始装疯。

后来，齐国有一个使臣到魏国访问，偷偷地把孙膑救了出来，带回齐国。孙膑在齐国被两次拜为军师，与魏国作战。在赵国被魏国围困的时候，孙膑利用围困魏国的策略，逼庞涓回救，解决了赵国的危机，这就是著名的"围魏救赵"的故事。

公元前342年，魏惠王派庞涓攻打韩国，韩国向齐国求救。田忌领命帮助韩国。次年，孙膑建议田忌去围困魏国的都城。庞涓知道魏国都城被围困，就带着人马急忙回救。孙膑则算准了庞涓的行军时刻，故意在路上不断减少己方军队的炉灶数量，给庞涓一个"齐国军队损失惨重"的假象，好引庞涓来追。而庞涓追到马陵（今河南范县西南）时，正值半夜，没有月光，马陵道旁有一棵树，庞涓拿着火把发现树上写着"庞涓死于此树下"几个字，瞬间反应上当了，然而为时已晚，埋伏于此的齐国士兵一齐放箭，可叹庞涓算计一生，最终被乱箭射死。

马陵之战过后，魏国损失惨重，不得已，只好与齐国修好。

孟子宣扬"仁政"

孟子是由母亲带大的，他自幼很喜欢读书，还拜到了儒家学派的门下，学习儒学。他继承和发扬了孔子的学说，孟子主张实行王道，以"仁政"来治国。

魏惠王在广招人才的时候，孟子也到了魏国。魏惠王很高兴地接见了孟子，想要与孟子讲讲利，想要他帮助魏国像秦国一样强盛起来。但是，孟子的主张与魏惠王的希望背道而驰，于是魏惠王就将他送走了。后来孟子又先后去了宋国以及滕（téng）国，但是这两个诸侯国都没有办法实现他的主张。

他游历到齐国，齐宣王接见了他，封他为客卿。孟子在与齐宣王聊天的时候，大加畅谈他的主张，齐宣王对他的主张很感兴趣。孟子用循循善诱（善于有步骤地引导别人学习）的方式，将"仁政"的主张和好处讲给齐宣王听，齐宣王刚开始认为孟子的"仁政"主张很好，于是，就请教孟子怎样实行仁政。孟子觉得其实要实行"仁政"并不难，只要齐宣王将自己对待小动物的爱心，用到百姓身上，尽可能减少百姓的负担，不苛责百姓，减少赋税，为百姓打造一个良好的生活环境，同时大力发展教育，利用仁、义、礼、智来教化和影响百姓，使社会更加和谐。社会安定，就能够使国家的生产得到提高，这样国家就能够很快强盛起来。

而齐宣王听了孟子这样的讲解，对实行"仁政"开始犹豫起来。由于处于乱世，每个诸侯国随时都会面临战争，而"仁政"实行的时间过长，齐宣王需要的是短期内就见到富国强兵的效果。因此，"仁政"在齐国实行有些困难。所以，他也只能谢绝了孟子。

孟子离开齐国后，又去了很多诸侯国进行游说，希望他们可以实行"仁政"。但是他的境遇与孔子一样，在各个诸侯国都没有得到重用，主张也没有得到实行。孟子四处碰壁之后，他就带着自己的弟子隐居起来。在隐居期间，孟子将自己的主张写了下来，著成了一本书，这本书就是《孟子》。

邹忌讽齐王纳谏

齐威王在位初期，一开始并不理朝政，大臣们纷纷上奏，但是却使齐威王更加烦躁，还严惩了上奏的大臣。由于齐威王不理朝政，齐国的国力逐渐衰退。

当时齐国有个很出名的琴师名叫邹忌。齐威王也听过他的名字，便让邹忌到宫中为他弹琴。邹忌见到齐威王后，摆好了琴，但是迟迟不弹，这让齐威王很着急。邹忌于是就对齐威王说："我只是一会儿不弹琴，大王你就这么着急，可是你已经九年没有理朝政了，数万百姓和众多大臣岂不是急死了？"听了邹忌的话，齐威王终于意识到自己的错误，于是就请教邹忌，现在自己开始处理朝政是否来得及。邹忌告诉他，只要肯用心，一定可以处理好朝政。

齐威王听了邹忌的话后，便用心地处理朝政。同时，齐威王也听取了邹忌关于大力发展农业的谏（jiàn）言（规劝的话），开始开垦荒地，并且减轻农民的赋税，这使齐国的农业生产大大地提升。

有一次，邹忌向齐威王说了一件事情，他说他曾问过他的妻子、小妾和客人一个问题，那就是他和城北的徐公谁更美，而这三个人都回答说他美。可是当他见到徐公后，才知道自己不如徐公。这三个人之所以说他美，是因为有自己的目的。邹忌由这件事联想到齐威王的处境，并希望齐威王可以广开言路，听取各方的意见。

　　齐威王听取了邹忌的建议，广开言路，一开始人们提的意见多，后来就少了。再后来，百姓开始提对地方官的意见。齐威王问百官，哪个城池好，哪个城池不好，其中一个大臣说即墨最差而阿城最好。但是经过齐威王的调查，正好与这个大臣说的相反。原来这个大臣接受了阿城郡守的贿赂，帮助阿城郡守掩盖他的恶劣行径。即墨郡守因为很公正，得罪了很多高官，因此被人陷害。齐威王知道这件事后，就在朝堂上将贪官污吏煮了，但是秉着法不责众的原则，并没有将所有问题官员都处置了。自此，齐国政治、经济得到了极大发展，齐国的实力得到了提高。

庄周与《庄子》

　　战国时期可以说是各种思想和学派层出不穷的时期，这一时期形成了百家争鸣的局面。与孟子同一时期的伟大哲学家还有庄周。庄周对孟子的主张持反对意见。庄周，宋国人。他自小家境贫寒，因此受了很多苦。也正因为如此，他才看清了当时战争给百姓带来的灾难，于是他立志不做官。在他的观念里，官员就只会利用战争来剥削百姓，自己作威作福。基于这一思想，他更加不想成为为了功名利禄而到处游说的人。

　　庄周长大后，他也到处游历。他到了魏国，想要去看看他的好朋友，也就是魏国的相国惠施。当他见到惠施时，惠施很紧张。原来惠施误以为庄周要抢夺他的相国之位。庄周了解到这一点后，很看不起惠施，便用一个寓言故事嘲讽了惠施一番。

　　后来，庄周又带着自己的妻子到楚国进行讲学。楚威王知道庄周来到楚国，便备了厚礼想要请庄周任楚国的相国。但是却被庄周婉言谢绝了。庄周宁可带着妻子过着到处讲学、清苦的日子，也不愿意出仕。但是楚威王并不放弃，依然想要请庄周出任相国。庄周再次见到楚威王，他看都没有看楚威王一眼，但是却给楚威王讲了一个关于乌龟的故事，旨在告诉楚威王，他只想做一个自由自在的人。

庄周主张"无为"，并且积极地到各国去讲学，宣传他的思想。在他的观念里，任何人以及任何事物都没有高低贵贱之分。他还曾经说自己做梦梦到了蝴蝶，也不知是蝴蝶变成了他，还是他变成了蝴蝶。庄周把生死看得很淡，他认为生死有命。他的妻子过世之后，他没有哭泣，而是为妻子唱了一首颂歌。

在庄周的思想观念中，自然是有规律的，万事万物都不可强求，也就是一切都要顺其自然。庄周将自己认识的这种自然规律总结为"道"。庄周的思想与老子的思想某种程度上有着相似性，于是后世将老子和庄周的学说称作是道家学说。庄周也将自己的观点写进了一本书中，这本书就是《庄子》。

苏秦合纵政策

　　战国后期，国力最强的就是秦国。各诸侯国为了能够抵御秦国的进攻，纷纷开始思考应对策略，到底是选择"连横"呢，还是"合纵"呢，就有待进一步思量。这种局面下，涌现出了两个最著名的纵横家，他们就是苏秦和张仪。其中苏秦主张的是合纵，而张仪则主张连横。

　　苏秦在外游历多年，但是没有成果。后来，苏秦就只能回到家乡去。苏秦回到家乡后，他开始刻苦研习兵书。据说，苏秦往往研习兵书到深夜，为了不让自己睡着，还头悬梁锥刺股。最终，他熟读兵法，而且还分析清楚了当时七个诸侯国的形势。

　　苏秦学成之后，先后游说周显王和秦惠文王，但是都没有成功。于是就到了燕国，拜见了燕文侯。他向燕文侯陈述了当时燕国所面临的局面，并且要求燕文侯与邻近的国家相交，共同抵抗外敌。

　　燕文侯听了苏秦的话，觉得很有道理，就请他到赵国实施外联。苏秦来到赵国，向赵国的赵肃侯陈述了当时的时势，邀请他与其他五国共同对抗秦国，这样才能免遭灭国。赵肃侯觉得苏秦的话言之有理，请他联系其他五个诸侯国。

而在此时，秦国攻打了魏国，并且取得了胜利。下一步将会攻打赵国，赵肃侯很慌张，就请苏秦拿主意。苏秦想到了他的同窗张仪，便想让张仪到秦国，张仪可以劝秦惠文王不要攻打赵国。

张仪本来是想在魏国谋得一官半职，但是却不得待见。后来他又辗转其他诸侯国，依然不受重用，而且还差点被打死。后来苏秦将他接到了府中并激怒他，张仪于是到了秦国。秦惠文王任用了张仪，同时张仪也劝动了秦惠文王，不攻打赵国。

在秦国放弃攻打赵国后，苏秦便在赵肃侯的指派下，到其他诸侯国去游说，要求六国联合起来抵抗秦国。

公元前 333 年，除秦国以外的六个诸侯国发誓结盟，并订立了盟约。六国共同封苏秦为"从约长"，并且任六国相国，专管抗秦事宜。

张仪连横策略

　　秦惠文王知道苏秦采用合纵的策略联合六国抵抗秦国后，他很忧虑。这时，张仪则提出要采取连横的策略来破解合纵策略。

　　六国中，齐国和楚国属于实力最强的诸侯国，这两个诸侯国结盟对抗秦国，令秦惠文王很忌惮。张仪提出连横策略后，就被秦惠文王提升为相国。张仪了解到秦惠文王的心思，就想出了离间楚国和齐国的方法。于是，秦惠文王就派张仪到楚国。到了楚国，张仪先找到楚怀王的宠臣靳（jìn）尚，并且用重金买通了他，要求他能够帮自己说话，并带自己去见楚怀王。

　　张仪见到楚怀王后，利用自己的三寸不烂之舌，分析了当前各诸侯国的形势，并且要求楚怀王能够与齐国断绝往来，秦国愿意割让商于之地六百里的土地给楚国，两国自此结盟，永远做友好的邻居。

　　这样的条件在楚怀王看来稳赚不赔，便欣然同意了张仪的主张。

　　其他楚国大臣知道了这件事，都觉得是一件喜事。只有陈轸觉得事情并没有那么简单，于是将利弊分析给楚怀王听，楚怀王却不以为然。靳尚由于受到张仪的贿赂，不得不向着秦国，于是对楚怀王说了很多秦国的好话，这使得楚怀王更加确信自己的决定没有错。于是，他就立刻与齐国断交，同时还派人到秦国去接收土地。

张仪

楚国的使臣随张仪回到秦国后，张仪对割让商于土地的事情只字不提，在百般追讨下，张仪翻脸不承认曾许诺割让土地给楚国，这使得楚国的使臣很生气，并且还严厉地警告张仪。张仪对此拒不认账，这使得楚国的使臣意识到事情的发展已经不受控制。于是就连夜返回了楚国，将此事告诉了楚怀王。

楚怀王听了事情的经过后，不仅大骂张仪小人，还不听劝阻，发兵攻打秦国。齐国与楚国断交后，与秦国结交，两国共同攻打楚国，楚国损失惨重，最终楚怀王只能向秦国求和。

张仪破坏了齐国和楚国的联盟之后，又到其他诸侯国去游说，极力要求各诸侯国亲近秦国。

赵武灵王胡服骑射

在合纵、连横搞得各诸侯国动荡不安的时候。赵国的赵武灵王则开始想要对赵国进行改革。赵武灵王是一个有远见、有气魄的君主，他想要进行军事改革，要求百姓穿胡服，并且学习骑射。

辅助赵武灵王实施改革的大臣主要有楼缓、肥义、公子成。赵武灵王将自己思考多时的军事改革想法告诉了楼缓，并且想要先从穿衣改起。赵国当时百姓所着的服装过于拖沓，行动时就会形成阻碍。赵武灵王想让赵国人穿胡服，以方便人们的行动。

赵武灵王

楼缓认为此想法可以实施，而且这样的改革，也能够提高士兵打仗的灵便性。这样的主张同时也得到了肥义的支持，并且赵武灵王还总结了各种理由，说服公子成穿上了胡服。大臣们一看赵武灵王的叔叔公子成都同意了赵武灵王的改革方案，便也默认了。

赵武灵王得到众大臣的一致同意，就开始在军中实行服装改革，要求所有士兵都穿上胡服。虽然百姓一开始对胡服没有好感，但是因胡服的灵便而越来越喜欢胡服。

实行服装改革后，赵武灵王又开始实行骑射。通过学习骑射，赵国军队的整体实力得到了明显提高。赵武灵王在实行改革后，不仅收服了中山国，同时还将东胡以及周边的部落收编。此后，他又派使臣联系了其他诸侯国，赵国的国力得到了明显提高。

后来，为了能够进一步了解秦国，赵武灵王决定由自己亲自前去秦国探知情况，而由自己的小儿子来主持朝政，他的小儿子就是赵惠文王。赵武灵王卸任之后，就称自己为"主父"。

赵武灵王在出发前往秦国时，化名赵招，只带着贴身的随从，从赵国一路向秦国走去。沿途观察秦国的地理状况，并且将其绘制成图。后来他以使臣的身份觐见了秦王，与秦王谈论当时各诸侯国的情况。后来，秦王还想要与这名使臣交谈，但是却找不到人了。后来秦王才知道，原来这个使臣就是赵武灵王，但是也无可奈何。赵国国力的提升，也在一定程度上提升了合纵国的整体实力。

乐毅攻打齐国

由于燕王哙（kuài）与相国子之是很好的朋友，他也很相信子之的能力，于是就将王位禅让给了子之。但是子之坐上王位后，开始变得骄奢淫逸，使得燕国民不聊生。

公元前314年，齐宣王带领军队攻打燕国。燕国的百姓因为痛恨子之，就极力帮齐宣王的军队。齐国占领了燕国后，对百姓更加不好，百姓对齐宣王很失望。后来齐宣王迫于其他诸侯国的压力，将燕国还给了公子职。公子职继位，即燕昭王。

燕昭王初登王位，看着国家已经破败不堪，百姓流离失所，他很痛心。于是积极地组织农民开垦土地，发展农业，同时开始广开言路，接纳贤士。当时有个叫郭隗（wěi）的人就建议燕昭王能够用善待自己这样一个无用的人作为榜样，使所有贤士都能够了解到燕昭王的求贤若渴之心。燕昭王认为郭隗说得有道理，于是就厚赏了他。这件事很快被传了出去，很多有才之人便先后来到了燕国。

后来，魏国派使臣乐（yuè）毅访燕国。燕昭王很赏识乐毅，乐毅也觉得燕昭王有明君之相，于是就留在了燕国。不久燕昭王就将乐毅升为亚卿。乐毅向燕昭王提出了要伐齐的想法，燕昭王同意了。燕国在实力逐渐强盛后，便悄悄地阻断了齐国和其他诸侯国的联系。齐国后来发生了内乱，齐湣（mǐn）王在位期间朝政混乱。在齐湣王逐渐与百姓关系疏离后，燕国开始进攻齐国。

公元前284年，乐毅率领燕国大军，联合秦国、赵国、魏国以及韩国一起攻打齐国。齐国大将韩聂英勇战死，齐军被打得溃不成军。其他四个国家打败齐国的军队后，均返回了自己的都城。而燕国的乐毅则继续带着大军攻打齐国。临淄被乐毅攻陷，齐湣王则趁乱逃走了。乐毅加紧进攻的步伐，一举攻陷了齐国七十余座城池，这些土地均被划为了燕国的土地。

燕昭王知道此事后，很高兴，就亲自册封乐毅、犒赏三军，封乐毅为昌国君。

孟母三迁

　　孟子是战国时期著名的思想家和教育家。孟子虽然天资聪颖，但是他小时候很贪玩，对学习不够专注。孟子很小的时候，他的父亲就去世了。他与母亲一起生活，母亲含辛茹苦地抚养他，希望他长大后能够做一个有出息的人，于是就很用心地督促他学习，希望他能够饱读诗书。

　　孟子小时候家住一个墓地的旁边，他由于顽皮，总是偷偷地跑出去与同龄的小孩子一起到墓地玩耍。他们学大人的样子，哭坟和跪拜，乐此不疲（因喜欢做某件事而不知疲倦。形容对某事特别爱好而沉浸其中。也说乐此不倦）地玩着办丧事这个"游戏"。就这样，孟子的学习被耽误了。孟子的母亲知道这件事后，就开始寻思不能让自己的孩子因贪玩而耽误学习，于是她就想到了搬家这个办法。

　　后来，孟子的母亲就带着孟子搬到了集市旁边去住。每天集市都很热闹，人来人往的，还有叫卖的小贩。这时候孟子又开始与同龄的小朋友一起学商人做生意，玩起了招揽客人的游戏。每天他们都玩得很开心，孟子的学习又被耽误了。孟子的母亲知道这件事后，觉得这个地方已经不能再住了，于是又带着孟子搬家。这次，他们搬到了一个私塾附近。在这里，每天都有懂礼貌的孩子按时上下学，还有阵阵的朗读声。这种氛围很容易使人自觉地去学习。这样的居住环境令孟子的母亲很满意。

孟子的母亲就近将孟子送到了这家私塾中读书，孟子与同龄的小伙伴天天都在一起上学，他对学习越来越感兴趣。同时，他还在放学后，挑灯夜读，刻苦努力地学习。渐渐地，他也了解了母亲的苦心，于是更加发奋读书。后来他拜儒家学派门下，成为继孔子之后，又一位伟大的儒家思想代表人物。

孟子日后的出色表现，使得"孟母三迁"的故事广为流传。很多人都积极地向孟母学习，来教育自己的子女。

屈原投江

　　赵国实行改革使得国力提升，楚国在受到秦国的蒙骗后，则国力日衰。公元前296年，楚怀王在秦国去世。楚国改立太子横作为新一任的国君，他就是楚顷襄王。楚顷襄王并不是一个英明的君主，他任用奸佞（nìng），远离贤臣，屈原十分担心国家的命运。

　　楚怀王在世的时候，屈原很受重视，他也掌握着一定的实权。但是因为他刚直的性子，也得罪了很多权贵，这些权贵都很讨厌屈原。后来楚顷襄王贯彻执行投降政策，不愿意与秦国对立。屈原就请求楚顷襄王能够广纳贤士，富国强兵。但是这些话都被楚顷襄王当成了耳边风，楚顷襄王甚至觉得屈原很啰嗦。后来在一些佞臣的挑唆下，楚顷襄王对屈原更是不满，屈原被放逐湘南地区。

屈原

　　屈原被流放后，他想要好好地看看楚怀王所珍惜的国家，于是他就顺着长江，穿过洞庭湖，一直来到了溆（xù）浦（在今湖南）。在这里，屈原认识了很多少数民族居民。他觉得这里文化很发达，于是就在这里住了下来。他觉得自己忠心报国，但是却被小人陷害，最终被革职，心情很郁闷。在伤心之余，他常常会到汨（mì）罗江抒发情怀，吟唱诗歌。

屈原本是楚国的贵族，但是他却从来不摆官架子，经常深入百姓的生活，为百姓做了很多好事。在溆浦，他获得了很多创作的灵感，创作出了很多经典名作，如《离骚》《天问》等。

他在溆浦的时候，还组织了一个民间组织，盼望着能够重新受到楚顷襄王的重用。但是楚顷襄王一直都没有再起用他。公元前278年，秦王任命白起为大将攻打楚国，并且成功地占领了楚国的都城郢（yǐng）。在楚国的都城被攻破后，屈原的希望也彻底破灭。他在绝望之下，于五月五日黎明来临之际，跳入了汨罗江。

附近的百姓知道屈原投江后，纷纷赶去救他，但是滚滚的江水中，连屈原的尸体都没有找到。于是他们就用竹筒装了米，投入汨罗江，以祭拜屈原。后来人们将祭祀的东西换成了粽子，端午节就是从这来的。

鸡鸣狗盗

　　孟尝君，即田文。孟尝君天资聪颖，在他父亲去世后，他就接管了父亲的封地。孟尝君很喜欢招纳门客，他的门客最多的时候有三千多人，他对待所有门客均一视同仁。

　　秦昭王很看中孟尝君，于是便用自己的兄弟作为人质到齐国来换取孟尝君。齐王看到秦王有如此诚意，就让孟尝君到秦国去任相国，同时也没有将秦王的兄弟留在齐国做人质。孟尝君在接到齐王的命令后，就带着一千多门客到了秦国。但是有人对秦王说，孟尝君是齐国人，遇事会以齐国的利益为先。于是秦王认为孟尝君不会为秦国鞠躬尽瘁，就要杀了孟尝君。孟尝君在危难之时，自己门客中一个小偷，扮成狗的样子，将已经送给秦王的白狐狸皮大衣偷了出来，转送给了秦王的宠妃燕姬。在燕姬为孟尝君求情之后，秦王放了孟尝君。

　　孟尝君赶路回齐国时，在函谷关赶上城门关闭，无法出行。这时他的一个门客开始学鸡叫。听到鸡鸣，守城官兵以为天亮了，就开了城门。

　　秦王后悔放走了孟尝君，便派兵追。但是孟尝君出了函谷关后就直接返回了齐国，秦王没有追上。孟尝君回到齐国后，仍然做齐国的相国。这时候，他又招揽了一个门客，这个门客就是冯谖（huān）。冯谖做了孟尝君的门客后，有诸多要求，总是说自己少这个，自己少那个，孟尝君都一一满足了他。后来冯谖主动要求帮孟尝君到发生了灾害的薛地去收租。到了薛地后，冯谖找来了所有佃户，免除了他们的租金，这使得所有佃户都很感激

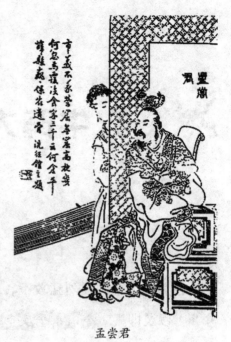

孟尝君

孟尝君。孟尝君知道这件事后，只是很惊讶，但是也没有说什么。

　　孟尝君一直是秦王的一块心病，于是秦王就让人在齐国散播孟尝君的谣言，这些谣言使得齐王免除了孟尝君的相国之位。孟尝君回到自己的封地，却得到当地老百姓的一致欢迎，孟尝君终于意识到当初冯谖做的事是十分正确的。后来孟尝君觉得自己在齐国不安全，就投奔了自己的朋友信陵君。

火牛阵大败燕军

在燕国大军的强烈猛攻下，齐国就只剩下了莒（jǔ）城（今山东莒县）以及即墨（今山东平度市东南）这两个城池。齐湣王到达莒城后，便向楚王求救，楚王随即派了淖（nào）齿去援助齐湣王。但是淖齿却杀了齐湣王，打算自己做诸侯。

乐毅久攻不下莒城，就开始围困即墨。即墨的守将刚过世，为了能够守住即墨，齐军便推举田单（dān）做了大将。田单本是齐国贵族人士，他自身有很高的军事才能，但是由于齐湣王昏庸，他一直都没有得到重用。田单被推举为大将后，开始修筑城池，加强防守。同时还尽可能多了解敌方的情况，加紧探听外部的政治局势。当他得知燕昭王去世，燕惠王继位且并不信任乐毅后，便安排人到燕国去散播乐毅的谣言，使燕惠王对乐毅的不满加重。乐毅受到燕惠王的猜疑被撤职，就转投赵国。

后来骑劫成为燕军大将，他随即便开始对即墨发动进攻，而且在进攻的过程中，手段残忍，对百姓和俘虏的处置更加狠绝，这使即墨的百姓都豁出性命抵抗。后来田单又让一些士兵假装成富商，带着金银去向燕军投降。这使骑劫对即墨产生一种要守不住的错觉，使他开始骄傲和放松起来。

而在这时，田单则将城内所有的牛都集结了起来，并在牛身上画了很多图案，还在牛角上安装了尖刀，牛尾也系上了沾满麻油的芦苇。他将这些牛尾点着后，放出了城。这些牛受到火的刺激，全部向着燕军的阵地冲去，吓得燕军四散奔逃。随后而来的齐军也画着和牛身上一样的图案冲到了燕军的军营中，在混乱中，骑劫被齐军杀死了。

在燕军溃败之后，齐国其他被占领城池的百姓也奋起反抗。田单利用这一优势，将燕军直接逼退到齐国的北边，齐国从灭国的边缘被拯救了回来。公元前279年，田单将齐襄王迎回了临淄，田单也被齐襄王册封为安平君。

李冰与都江堰

秦昭王为了稳定国内百姓的生活，开始提高农业生产以及任用李冰来建设水利设施。李冰是当时有名的水利家，他在被秦昭王重用后，修建了多个有利于农业发展的工程。

后来秦昭王又将李冰派到了蜀郡做了郡守。蜀郡刚归附秦国不久，而且民心不稳。李冰到任后，就紧急展开民情调查。他了解到蜀郡虽然土地肥沃，但是很多土地都没有得到利用，造成这一情况的主要原因就是流经该地的岷（mín）江常常有水患，百姓都不敢种田。了解到这一情况后，李冰便开始着手对岷江进行治理。他对岷江做了全面考察后，发现岷江的上游都是高山深谷，水源充足，但是到了中间地带，却因地势平坦且没有树木，使得淤泥大量堆积，在强降雨天气的情况下就会形成水患，同时也造成了东边旱、西边涝的情况。

要想使岷江的水患得到治理，就需要在平原上修建渠道来控制水流。于是在详细的部署过后，李冰就从玉垒山着手进行渠道的挖掘，在玉垒山开凿出一个洞口，取名为"宝瓶口"。接下来，他又在江心的位置进行了分水处理，将其中的一支支流引入了宝瓶口，建成鱼嘴状的分水工程，它能够将岷江上游的水分成两股，向着东西两个方向流。西边的水流叫作外江，而东边的水流则叫作内江，渠道首为宝瓶口。在这里，李冰还设置了多个沟渠，这样就形成了一个扇形的水网，也标志着都江堰的主体部分完成了。

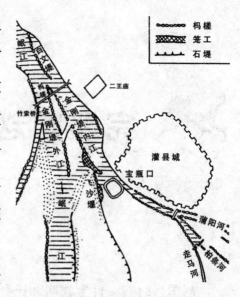

都江堰附近形势图

为了能够对宝瓶口处的水流量进行控制，李冰还在其附近设置了溢洪道。在岷江水位上涨的时候，洪水就会进入溢洪道，然后被分流，蜀郡就不会出现严重的水灾。另外，内江的水流会对宝瓶口形成冲刷，减少了宝瓶口泥沙的堆积量。

李冰修建都江堰用了一生的时间和全部的精力。但是他并不满足于只是修建完这个工程，他还不断地对该工程进行完善和维护，使得这一工程能够长久应用。由于蜀郡在四川一带，而李冰所做的贡献福泽了四川世代百姓，所以四川人都尊称他为"川主"。

完璧归赵

赵国当时有一件宝物叫和氏璧。秦昭王得知这一消息后，就想要得到这件宝物，他不惜拿出十五座城池来换。赵惠文王得知秦昭王的想法后，左右为难，既怕被骗，又怕无法向秦国交代，于是想要与秦国详谈。

赵王身边有个宦官向赵王推荐了蔺相如，说他是个有才之人。赵惠文王便召见了蔺相如，询问他该如何解决这件事。蔺相如就请赵惠文王让他带着和氏璧去秦国。

蔺相如带着和氏璧到了秦国的都城咸阳，秦昭王很快接见了他。秦昭王很满意和氏璧，但是却没有再提交换城池的事。这时候蔺相如借口和氏璧有瑕疵，要指给秦昭王看，秦昭王便把和氏璧拿给了蔺相如。蔺相如拿到和氏璧后，就将其对着朝堂上的柱子高举，怒气冲冲地指责秦昭王不愿拿十五座城池来换，还不如毁了和氏璧。这个举动吓得秦昭王赶紧好言相劝，并且接受了蔺相如的条件。

蔺相如拿着和氏璧回到休息的地方后，认为将和氏璧留在秦国十分不安全，秦王很可能强取豪夺，这样会使得赵国赔了夫人又折兵。

于是蔺相如便连夜让人将和氏璧送回了赵国。第二天，蔺相如就向秦昭王说了这件事。秦昭王听后，很生气，想要责怪蔺相如，蔺相如却说，秦国的国君自秦穆公开始，就是反复无常、不遵守约定的人。赵国实力弱小，无法对抗秦国，但是也不想被秦国牵着鼻子走，不想在没有拿到城池的情况下，将和氏璧也丢了，于是只能出此下策。秦昭王听了蔺相如的一番说辞后，便没有了言语。秦国的大臣听到蔺相如的话后，也没有一个人反驳。秦昭王认为为了一块玉璧而使两国关系破裂并不划算，于是就主动与蔺相如和好，不但热情款待了蔺相如，而且还将他安全地送回了赵国。

渑池之会

　　秦王对和氏璧的事情一直耿耿于怀，于是就与赵国展开了激烈的战争。在连年征战下，两国的百姓都苦不堪言，两国的国力也因此被消耗。

　　公元前 279 年，赵国和秦国为了能够阻止再生灵涂炭，于是就想坐下来和谈。但是地方是由秦国选的，秦国还想在和谈期间做一些手脚。赵国也害怕秦国使诈，赵王就紧急召集大臣们商议办法。蔺相如自请陪着赵王一起去。廉颇则建议说，如果一个月赵王没有回来，或者是赵王出了意外，改立太子为赵王，以断了秦国的野心。赵王同意了廉颇的主张，然后就带着蔺相如前往渑（miǎn）池（在今河南渑池西）。

　　两国人马都到了渑池之后，秦王安排了丰盛的酒宴与赵王共饮。在酒席进入高潮的时候，秦王就要求喜爱音律的赵王鼓瑟助兴。赵王虽然很不乐意，但是因为畏惧秦王，所以还是忍了下来。

　　赵王开始鼓瑟，秦国的史官就立刻将这件事记录了下来，而记录的内容却是，某年某月某日，秦王命令赵王鼓瑟。蔺相如听后上前对秦王说："赵王私下听说秦王善于演奏秦地的乐曲，请允许我献缶（fǒu，古代一种瓦质的打击乐器）给秦王，请秦王敲一敲，借此互相娱乐吧。"秦王听了蔺相如的话后，很不高兴，而且也不愿意击缶。

蔺相如见此情况，便走到了秦王五步范围之内，并表示，如果秦王不击缶，那么他头颅的鲜血将会溅到秦王的身上。蔺相如这种视死如归的精神着实令秦王心惊，虽然他很不情愿，但是也击了一下缶。

秦王击完缶后，蔺相如就命赵国史官将此事记录下来，说是某年某月某日，秦王为赵王击缶。蔺相如用他临场应变的机智以及卓越的口才，使秦王在渑池之会上没有占到一点儿便宜。同时蔺相如的机警，也使秦王想要软禁赵王的计划失败。赵王在与廉颇约定的一个月的期限内，回到了赵国。经过此事，赵王对蔺相如更加信任。蔺相如的地位也因此得到了极大的提高。

负荆请罪

　　和氏璧事件以及渑池之会后，赵惠文王对蔺相如的信任逐渐加深。在渑池之会后的一个月，他就将蔺相如提拔为上卿，可谓是一人之下万人之上。而当时赵国还有一个很有实权和地位的人，他就是廉颇。廉颇本来对赵惠文王没有带他一起去渑池，而只带蔺相如这件事情有着一定的不满。现在蔺相如只不过是动了动嘴皮子，只是两件功劳，就将他的地位提到比自己还高的地步，这让廉颇对蔺相如更加没有好感。

　　廉颇生气之余，还对自己的门客数落蔺相如的不是，认为自己为赵国打了这么多年的仗，立过的功劳无数，却被刚刚做官没多久的蔺相如超越。他扬言：遇到蔺相如一定要羞辱一番。

　　这些话廉颇并没有刻意遮拦，很快就传到了蔺相如的耳中。蔺相如听到这些话后，开始每天都假装生病，不去上早朝，而且在外出行时，如果看到廉颇的马车就让到路边，让廉颇的马车先行。

　　蔺相如这样的行为可是把廉颇高兴坏了，他认为蔺相如还有点自知之明，还知道要对自己恭恭敬敬的。但是蔺相如的门客们可对蔺相如的行为高兴不起来，他们认为蔺相如这样是懦夫的表现。于是他们就想要离开。

蔺相如就问他们："你们说秦王和廉颇哪个更有权势？"

这些门客都回答是秦王。

蔺相如又说道："我可以为了一块和氏璧就敢独自在秦国的朝堂上发威，并且在渑池之会上威胁秦王。现在秦国之所以没有计较，是因为赵国还有我和廉颇两个人在。如果廉颇和我闹起了内讧，高兴的只会是秦王。"听了蔺相如的话，这些门客纷纷开始沉思。

这些话很快就传到了廉颇的耳中。廉颇听后，顿时觉得自己的心胸太过狭隘，于是急忙脱掉了上衣，赤裸着上身，背着荆（jing）条就到蔺相如的府前跪下，请求蔺相如原谅。自此，廉颇和蔺相如成为最好的朋友。这就是人们所说的"将相和"，而"负荆请罪"这一成语也是出自这个故事。

廉颇

范雎远交近攻

范雎

　　范雎（jū），魏国人。范雎在魏国期间，曾是朝廷大夫须贾的门客。一次，须贾被魏王指派为使者来到齐国，范雎也跟着来到了齐国。见到齐襄王后，须贾被冷嘲热讽和谩骂，须贾无言以对。这时候范雎却巧言为魏国辩护，齐襄王很欣赏范雎的口才和才能，于是想要任用他，但是却被范雎拒绝了。想不到这件事被须贾知道了，结果须贾就诬告范雎企图背叛魏国。当时魏国的相国魏齐听信了须贾的言辞，就严刑拷打范雎，最终将范雎打到背过了气。后来范雎利用假死偷跑，化名为张禄，来到了咸阳。在这里，范雎被引荐给秦昭王。但是秦昭王一开始并没有任用他。后来，范雎无意中听说相国穰（ráng）侯主张攻打齐国，这也是相国为了增加自己的地盘所采取的策略。范雎意识到这是自己的一个机会，便上书给秦昭王。

　　于是秦昭王就秘密地来见范雎。范雎建议秦昭王不要攻打齐国，而是采取远交近攻的策略，先消灭离秦国比较近的国家，这样较远的齐国最终也无法保全自己。

秦昭王本身就有着统一六国的野心，于是他提拔范雎为客卿，并且推行了范雎的远交近攻策略。公元前 266 年，秦昭王从太后和相国手中收回了本属于他的权力，并封范雎为相国，同时开始准备进攻魏国。魏国知道这件事后，就想求秦国的魏国人相国帮助他们劝说秦王放弃这个念头。于是，魏王就任命须贾为使臣到秦国求和。范雎知道魏国来的使臣是须贾后，就穿着粗衣，假装是相国的门客见了须贾。须贾当时吓坏了，但还是随着范雎来到了相国府。到了相国府后，须贾终于知道范雎就是相国张禄，于是赶快磕头求饶。范雎看在他是使臣的分儿上放了他。

随后，范雎将自己在魏国的遭遇告诉了秦昭王，并且请求秦昭王答应魏国割地求和的请求，同时将魏齐的人头奉上。秦昭王为平息范雎的冤屈，答应了范雎的请求。随后魏齐就被魏王逼死。范雎的远交近攻策略的第一步也开始稳定实行。

赵括纸上谈兵

公元前 262 年，秦昭王任命白起为大将，带领大军攻打韩国。白起攻下了野王（在今河南沁阳市），使得韩国上党（在今山西沁河以东一带）的军队孤立无援。上党的守城将领冯亭想，即便投降也要投降给赵国，这样赵国就会被逼与秦国开战。

后来，冯亭派使者到赵国，说是愿意将上党送给赵国。赵国此时的执政者是赵孝成王，而平原君赵胜则为相国。赵国接受了上党，但是守城将士没有撤换。平原君知道秦国一定会来攻打上党，就回到赵国都城向赵孝成王搬救兵。平原君回赵国后，秦国左庶长王龁（hé）就将上党围困，赵国拖了两个月都没有派出援军，上党的兵士和百姓只能偷偷地逃出城。上党沦陷后，廉颇才带着兵士赶到长平。

廉颇见到冯亭，刚要商讨进攻计划，他们的先头部队就被王龁打散了。这时候廉颇想要利用拖延策略将远奔的秦军拖垮。这样的方法确实奏效，秦军粮草开始告急。王龁也没有任何策略可以解决当前的问题。于是王龁将这件事情告诉了秦昭王。范雎说要想打败赵国军队，就需要使赵王找人换掉廉颇。

于是，赵国境内就开始流传关于廉颇的闲言，赵孝成王听到了这些闲言，就催促廉颇尽快进攻。但是廉颇没有听赵孝成王的话，这使赵孝成王想要换掉廉颇。于是他找来了赵括，并询问他退兵的方法。赵括见到赵孝成王，夸夸其谈，说如果自己替换掉廉颇，就能够打退秦军。赵孝成王听后很高兴，就立刻将廉颇召回，让赵括任主将。赵括的母亲知道这件事后，去向赵孝成王求情，不让自己的孩子去，因为赵括只会纸上谈兵（在文字上谈用兵策略，比喻不联系实际情况，空发议论），并没有实战经验，很容易犯骄傲自满的毛病。但是赵孝成王没有听赵括母亲的话，依然坚持己见。赵括上任后，开始主动进攻。

这时秦军的主将也换成了白起。白起假意打败仗，将赵括的军队全部引诱到自己设下的埋伏圈中。等到赵括知道中计后，已经来不及了。最终，赵括被秦军射死，同时白起还俘虏了赵国四十多万士兵。

毛遂自荐

　　白起俘虏了赵国四十多万士兵后，又亲自带兵围困邯郸。赵孝成王与众大臣都没有了主意。这时候燕国的苏代则愿意帮忙去秦国讲和。苏代见到了范雎，向范雎说明讲和之意。范雎考虑到白起功劳过大，对自己是个威胁，加上秦军也实在是有所损伤，于是就答应了割地求和的条件。

　　秦王听取了范雎的意见，就让白起返回咸阳。后来秦昭王又想打赵国，但是白起却没有听从秦王的意见，称病不出。随后，秦昭王任命王龁为大将攻打赵国。赵国都城邯郸被围困，情急之下，赵孝成王让平原君到楚国求援。于是平原君就想要带着二十人去。可是这二十人却并不好选，他选了十九个人，但是始终没有找到一个能文能武的，于是他就想凑合一下得了。这时候有个叫毛遂的人却向平原君自我推荐。毛遂是平原君的门客，三年都没有任何作为。平原君认为他不堪担当大任，但是毛遂却说服了平原君。

　　平原君见到楚考烈王后，将自己的来意说了出来，楚考烈王却并不愿意发兵援助赵国。平原君就为楚王分析局势，说了很多好话，但是都没有用。这时候，楚考烈王突然看见一个拿着剑的人走到了台阶上，于是很不高兴，得知这是平原君的门客毛遂后，便对他疾言厉色（说话急躁，神色严厉，形容发怒时的神情）。毛遂听见楚考烈王的话后，还是不停地向上走，这可吓坏了楚王，他这才开始谦逊地询问毛遂有什么高见（高明的见解，多用于称对方的见解）。

毛遂将楚国以前的辉煌历史概述了一下，同时又讲了秦国给楚国带来的各种耻辱，楚国被秦国逼得连都城都换了地方，这样的仇恨可以说是不共戴天。这样的话听得楚考烈王心里很震撼，在毛遂一声声的质问下，楚考烈王也红了脸。最终他答应要出兵援助赵国，并与平原君歃血（shà xuè，古代举行盟会时饮牲畜的血或嘴唇涂上牲畜的血，表示诚意）为盟。

公元前 258 年，楚王任命春申君黄歇为大将，带领八万大军援助赵国，而魏国也派了十万大军来援助赵国，三国共同对抗秦军。

信陵君窃符救赵

楚国与魏国发兵援助赵国的事情很快就被秦昭王知道了，他很生气地对两国说，赵国他是势在必得，如果有哪个诸侯国敢帮赵国，那么等到他打下赵国后，就来收拾这个诸侯国。

魏王听了这样的话，很害怕，魏军也不敢擅动。魏国军队的大将为晋鄙，他将军队驻扎在邺城之外。看到魏国不出兵，楚国带兵的春申君也不敢妄动。秦国加紧脚步攻打赵国，赵孝成王急忙派人去要求魏王和楚王出兵。

魏安釐王不愿意惹恼秦国，所以一直按兵不动。平原君于是找上晋鄙，但是晋鄙却说没有命令不能出兵。这时候平原君就向魏公子信陵君求救。信陵君接到信后，开始去劝说魏安釐王，未果。于是他就想要自己带着门客去救赵国。实际上，他这样的做法无异于以卵击石（用蛋打石头，比喻不自量力，自取灭亡。也说以卵投石）。

他的朋友侯生对信陵君的做法很不赞同，于是既没有给他好脸色看，也没有对他说一句祝福的话。这使得信陵君很不解，于是他就问侯生怎么回事。侯生回答他说："信陵君你带着一千门客就是去送死的，根本解决不了问题。你怎么就不知道想想办法呢？魏王那么宠爱如姬，而你曾经帮助如姬报了杀父之仇，她对你感激不尽，无论你要求她做什么，她都会做的。你何不让她偷出大王的兵符？你有了兵符在身，就可以指挥魏国的军队帮助赵国，这样才有机会击退秦军。"

听了侯生的话，信陵君便找到了如姬，如姬果然将兵符偷了出来。信陵君拿着兵符到了邺城，但是晋鄙却有些怀疑兵符的真假，于是就想要向魏王请示，这时候侯生安排在信陵君身边的门客朱亥直接将晋鄙杀了。信陵君拿着兵符，挑选了八万精兵去援助赵国。秦昭王没有想到魏国的军队敢来帮忙，因此被打得措手不及。这时候，邯郸城内的平原君也趁机杀了出来，秦军兵败如山倒。

秦国经历了长久以来的第一次失败，被信陵君俘虏了将近两万人。赵国得到了救助，而信陵君也不能再回国了，于是就留在了赵国。

吕不韦拜相

秦国在商鞅变法之后逐渐富强起来。秦国重视农业的发展，同时也关注对外的战争。公元前306年，秦昭王继位，他采取了范雎的远交近攻策略，使秦国成为战国七雄中的最强国。

后来，秦庄襄王即位，他提吕不韦为相国。但吕不韦是一个商人。古时候，无论哪个朝代都对商业的发展很抑制，商人的社会地位也相对低下。吕不韦能够成为相国，这是一件很违反常规的事情，这就不得不提吕不韦的识人之明和手段了。

安国君（秦孝文王）的儿子中，异人（后来的秦庄襄王）最不受待见。在秦国和赵国联盟的时候，秦王就将异人送到赵国做质子。但是异人在赵国甚至连普通人都不如，常常挨饿。

吕不韦由于是商人，常常要在各诸侯国间走动。一次，吕不韦到了邯郸，在路上碰到了异人。他发现异人的面相很独特，于是吕不韦就主动与异人交谈。得知异人的身份后，吕不韦认为机会来了。

在与异人的交谈中，吕不韦暗示要帮助异人取得权位。吕不韦建议异人做华阳夫人的义子。异人知道也许只有吕不韦能够帮他，于是就承诺自己发达后，一定会与吕不韦共享荣华。

接着，吕不韦就积极地联系华阳夫人。华阳夫人虽然得宠，但是一直没有儿子，她也很怕因此失去宠爱。吕不韦正好抓住了她的这种心理，与华阳夫人联系之后，就提出要她收养异人的建议。华阳夫人答应了，于是就去求安国君。安国君答应了华阳夫人的请求，将异人过继给了华阳夫人。

吕不韦

公元前257年，异人在吕不韦的帮助下逃出了赵国。但是异人的妻子赵姬以及儿子嬴政却留在了赵国。后来，安国君继位，异人被立为太子。赵国为了能够缓和与秦国的关系，就将赵姬和嬴政送回了秦国。不久，安国君去世，异人继位。他也实现了当初的承诺，封吕不韦为相国。异人去世后，他的儿子嬴政就继位了。

甘罗十二拜上卿

春申君得知秦国被打败，就回到了楚国。这时候的楚考烈王依然做着霸主的美梦。他要求当时的周赧（nǎn）王下令攻打秦国。虽然周赧王下令了，但是没有诸侯国愿意合纵。而秦国找到了借口，于是发兵攻打周朝，周朝根本不是秦国的对手，在周赧王投降后，周朝就算彻底覆灭了。

甘罗

后来，秦国的国君由秦孝文王转为秦庄襄王。秦庄襄王在位期间，他实现了自己的诺言，将吕不韦提升为相国。吕不韦担任相国后，一直想要破坏燕赵联盟，于是就想要安排一个人到燕国去。

吕不韦推举张唐，但是却被张唐拒绝了。原来张唐曾得罪过赵国人，而到燕国就要路过赵国，很容易被人半路截杀。吕不韦劝不动他，因此觉得很苦恼。他回到家中也一直愁眉不展。这时候，吕不韦家的一个投靠者甘罗看出了吕不韦有烦恼，就想要帮他解决。可是甘罗只有十二岁，吕不韦觉得他也没有什么好意见。但是甘罗却劝动了吕不韦，吕不韦就将事情的经过告诉了他。甘罗承诺帮助吕不韦去试试，吕不韦只能勉强答应让他去尝试。

甘罗见到张唐后，直接说明了来意，并且利用白起被赐死的事情来警告和威胁张唐。张唐听后立刻答应去燕国。甘罗为防止赵国对张唐不利，便请令去赵国一趟。这时吕不韦已经对甘罗很信任了，就同意了他的请求。后来吕不韦还在秦王政面前推荐甘罗。

甘罗到了赵国后，赵王对小孩子甘罗有些轻视，但是随着与他交谈，赵王渐渐收起了轻视之意。后来，甘罗把燕国太子丹到秦国做人质的事情告诉了赵王，并暗示秦国与燕国之间关系非同小可，并怂恿赵王先割让五座城池给秦国，然后去攻打燕国，这样赵国得到的会比失去的多。赵王听取了甘罗的意见，割让给秦国五座城池，然后攻打了燕国，得到了三十座城池。赵王又将其中十一座城池给了秦国。秦国没有费一兵一卒就得到了十六座城池，甘罗也因此被提为上卿。

郑国修建郑国渠

　　因为韩国惧怕秦国打来，所以就安排水利家郑国到秦国去修建水渠，以消耗秦国的国力。郑国虽然是个间谍，但他还是为秦国日后统一六国做出了极大的贡献。

　　韩国的阴谋败露后，秦王政就下发了逐客令，但是这件事被李斯反驳了回去。李斯也得到了秦王政的重用，在李斯刚好被秦王政重用后，就有人举报了郑国为间谍这件事，而审理郑国的这件事交到了李斯手上。李斯见到郑国后，并没有对他应用大刑逼他招供，而是直接去见郑国的下属，了解水渠修建的具体情况。充分了解相应的情况后，他就带着郑国来到秦王政的面前，与众大臣进行会审。

　　在审问期间，郑国无论被怎样逼迫都坚称自己的做法对秦国有利。众大臣都不相信，李斯传唤了与郑国同修水渠的几个大臣来进行问话。这些大臣所说的话都对郑国很有利，在他们的眼中，郑国是一个水利人才，而且爱护百姓，从来不贪赃枉法，可以说是一个绝对的清官。李斯说，这样的证词不太可靠，倒像是在撒谎。于是他又借机搜郑国的家，看看郑国是否有受贿的情况。但是搜过郑国的家之后，发现他的家几乎是家徒四壁（家里只有四堵墙，形容十分贫穷。也说家徒壁立），根本没有值钱的东西。直到这个时候，秦王政才对郑国的话有了听的兴趣。

郑国反复强调该水利设施一定有利于秦国的发展，而秦王政就问他如何有利。郑国本来以为自己死定了，听到秦王政的这句话后，就滔滔不绝地为秦王政细算起水渠建成之后，会给秦国的农业生产带来怎样的影响，会使秦国的土地变得更加肥沃，怎样提高秦国的农业生产等。在郑国的讲解下，秦王政逐渐认识到郑国修建的水渠对秦国的重要性，于是他就放了郑国，同时也取消了逐客令。

郑国最终将水渠修好，秦王命名为"郑国渠"。郑国渠中有着诸多巧妙的设计，令后世大为惊叹。

荆轲刺秦

公元前238年，秦王政开始亲政，并且平定了一场动乱，次年，他处置了吕不韦。此后，秦王政便开始进攻六国，想要一统中原。

燕国的太子丹已经感觉到秦国的巨大威胁，于是他就想要刺杀秦王政。他将燕国的命运都交到了刺客的手上，他开始积极寻找刺客。当时有个叫作秦舞阳的勇士很有胆量，太子丹就将他找了出来。樊於（wū）期因为在秦国的政变中失败了，于是只能逃到燕国躲避，太子丹也收留了他。太子丹同时还邀请到一个有名的剑客，他就是荆轲。

荆轲刺秦图

太子丹向荆轲说明了自己的想法，希望能够逼秦王政交还抢夺的城池和土地，如果不交就杀了他。荆轲向太子丹要了燕国督亢（今河北涿州东）的地图，想要假借献图来

接近秦王政。荆轲得到地图后，又去找了樊於期，要了他的人头，以便接近秦王政。樊於期死了，太子丹很伤心，最后他好好地安葬了樊於期。本来荆轲是想和盖（gě）聂一起去，但是太子丹等不及，就叫秦舞阳随荆轲去。太子丹在易水送别荆轲，高渐离击筑（zhù，旧读zhú，古代弦乐器，像琴，有十三根弦，用竹尺敲打），荆轲唱出了名句"风萧萧兮易水寒，壮士一去兮不复还"。

秦王政知道荆轲将樊於期的头和督亢的地图带来后，没有犹豫就见了荆轲。在大堂上，秦舞阳害怕了，荆轲暗骂他没用，只能自己将樊於期的人头献上，然后一寸寸地展开地图给秦王政看，将地图展开到末尾的时候，太子丹交给荆轲的带有剧毒的匕首就露出来了。这就是"图穷匕首见（xiàn）"典故的由来。

秦王政见到匕首大惊失色，荆轲拿着匕首就刺，但是秦王政却躲开了。荆轲一直在大殿上追着秦王政，却一直刺不到秦王政。秦王政身上带着剑，但是没有机会拔。大殿上没有武士，文官大多都吓傻了。这时大臣们上前帮忙，为秦王政拔剑争取了时间。秦王政拔出宝剑后就刺伤了荆轲，荆轲最后将匕首掷向秦王政，但是没有击中。最后，荆轲和秦舞阳被武士砍死了。

李斯谏逐客书

秦庄襄王去世后，他的儿子嬴政继位，他就是秦王政。秦王政时期，秦国的国力已经是所有诸侯国里最强的了，所有诸侯国都怕秦国来攻打。但是秦王政继承了历代秦王的意志，想要一统中原。

韩国在秦王政上位后，就有了极大的危机感。于是他们就想办法，想要使秦国的国力被消耗，无暇来进攻韩国。公元前237年，韩国派遣了一个叫郑国的人到秦国，这个人是个水利家，他建议秦王政兴修水利，这样可以促进农业的发展。其实，韩国想要提高秦国的农业生产水平为虚，想要通过兴修水利来拖垮秦国为实。但是这件事最终被秦王政知道了，他十分恼怒。

此次事件过后，很多秦国大臣对其他诸侯国的人都有了一种敌意和顾忌，其他诸侯国的人都跑到了秦国，这对秦国的发展会产生一些负面影响，有可能这些人中会有别国的奸细。所以很多大臣都上奏，要求秦王政将其他诸侯国的人赶出秦国。秦王政认为这些大臣的话有道理，于是下令，要求这些人在三天之内离开秦国，否则就会对其施以酷刑。

秦王政在位期间，来自楚国的李斯想在秦谋求发展，他不愿意离开秦国，于是他就给秦王政上了一道奏折，在奏折中他写道，秦王政下达的将其他诸侯国的人赶出秦国的旨令非常不合理。秦国自古以来大部分贤臣都不是出自本国，但是历代秦王都是在他们精心辅佐下，才使得秦国逐渐强盛起来。对其他诸侯国的人才不能相信和任用，却能搜罗别国的珠宝、美玉等珍玩来享用，这样看来，秦国重视珠宝、美玉等，轻视的是人才。将人才都赶出秦国，而为其他国家提供贤臣，这样做对秦国又有什么好处？

秦王看到李斯的奏折后，就取消了他下达的逐客令。而后世也将李斯所呈的奏折中的文章叫作《李斯谏逐客书》。后来李斯得到了秦王政的重用，他也为秦国的发展做出了极大的贡献。

韩非提出中央集权

　　韩非，韩国人，与李斯同在荀况身边学习。战国后期，各诸侯国频繁发生战争，战火蔓延中原，百姓生活在水深火热之中。这时候的韩非意识到儒家的这种仁政的思想是无法实现的，于是他就提倡法治的观点。他认为这个观点才是适应这一时代最好的主张。他满怀信心地将这一观点进行细化和总结，并且提出了中央集权这一理论。

　　韩非本着自己是韩国人，要为韩国效力的想法，将自己的主张讲给韩王听。可是韩非本人的口吃有点严重，韩王听着就很不耐烦，于是没等听完韩非的主张就将他请走了。

　　韩非的主张没有得到实践，他十分不甘心。他认为自己虽然说话有问题，但还是可以写的。于是他就将自己的主张写了出来，想要献给英明有慧眼的君主。他写了很多书，其中最有名的就是《孤愤》和《五蠹（dù）》。而这两本书在完成之后，就被传到了秦国。秦王政一心想要统一六国，正在苦寻治国的良策。当他看到韩非的书后，就想要立刻见到韩非。

　　后来秦王政加快了吞并韩国的速度，韩王对秦国的进攻束手无策，只能安排韩非为使臣到秦国去求和。在秦国，韩非受到了秦王政的热情招待，并且秦王政对他十分器重。

然而，韩非并不知道的是，秦王政对他的器重，使李斯感到了威胁。李斯觉得自己的地位将会不保，于是就联合上卿姚贾一起去见秦王政。他们见到秦王政后，就开始挑拨离间（引起是非争端，使别人不和），说韩非到秦国来是另有目的，要秦王政尽快杀了韩非。

虽然秦王政很欣赏韩非，但是也因为有所顾虑没有任用他。这时候被李斯和姚贾两人说中要害，也使疑心病较重的秦王政犯了嘀咕，于是韩非便被打入了监狱。韩非直到进入监狱都想不明白为什么自己会落到这步田地。他想要见秦王政，为自己辩白，可是他已经没有机会了。李斯对韩非百般威逼，韩非最终自杀于狱中。秦王政后来也后悔了，想要放了韩非，但是已经太迟了。

虽然韩非死了，但秦王政还是采用了韩非的主张。后人将韩非的主张编著成了一本书，它就是《韩非子》。

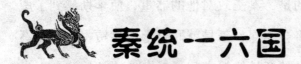

秦统一六国

　　太子丹安排荆轲行刺，秦王政很生气，于是不断地攻打燕国。燕国根本不敌秦国，太子丹和燕王喜逃走后，秦王政派兵紧追不舍。燕王喜没有办法，只得杀了太子丹交给秦王政，以平息秦王政的怒火。

　　这时，尉缭建议秦王政可以先放一放攻打北边赵国和燕国的事，可以先进攻南边的魏国和楚国。秦王政采用了尉缭的建议，公元前225年，秦将王贲带兵消灭了魏国，紧接着秦将李信就开始攻打楚国。但是却失败了，秦王政很生气。他亲自去将王翦（jiǎn）请出，并任命王翦为主将，负责攻打楚国。

　　王翦带着六十万大军驻扎在天中山。在他刚扎营没多久，楚国的项燕就带着楚国的兵马到了。但是任凭项燕如何邀战，王翦都没有理他。这样的情况持续了一段时间，项燕逐渐放松了对王翦的警惕。这时候秦军却突然开始进攻了，这可打了楚军个措手不及（临时来不及应付），楚军兵败如山倒，最终楚王做了秦国的俘虏，项燕被斩杀，楚国灭亡。

　　楚国灭亡后，剩下的诸侯国就只有赵国、齐国和燕国了。

王翦消灭了楚国后，他就回家养老了。秦王政便任用他的儿子王贲（bēn）为将，去攻打燕国和赵国。公元前222年，王贲成功地消灭了燕国，并俘虏了燕王喜，将其交给了秦王政。后来，赵国也被王贲灭掉，赵王自杀。最后，就剩下一个齐国了。

秦始皇

齐国一直主张亲近秦国，已经多年没有打过仗了。其他几个诸侯国被吞并后，齐王感到了危机。但是这时候他想要求援，却没有任何诸侯国可以帮他了。王贲在进攻齐国的时候，基本上没有受到阻拦，顺利地就灭了齐国。齐王建主动交出了都城，做了秦国的俘虏。

至此，范雎的远交近攻策略算是执行完毕。秦王政也成了天下主。

大秦帝国

秦始皇筑长城

秦王政统一六国后，就废除了分封制，而将自己称作皇帝。因为是第一任皇帝，所以又叫作始皇帝，后世称其为秦始皇。他希望自他开始，能够将皇位传万世，于是他命人制了一个玉器，取名为"玉玺（xǐ）"。

秦始皇采用郡县制来管理国家，将全国分为三十六个郡，同时设置郡守、郡尉以及郡监三个重要的岗位。而在郡之下就是县。

为了使全国的道路都能够实现兵车的通行，秦始皇开始规定兵车的大小和道路的宽度。另外，秦始皇还将民间所有兵器都收缴起来，将这些兵器铸成了十二个铜人以及众多的钟。为了方便交流，秦始皇还废除了各诸侯国的文字，改用一种全国统一应用的文字，这种文字就是小篆（zhuàn）。

公元前214年，秦始皇派兵收复了岭南（指五岭以南）地区，同时在岭南设置了三个郡。后来，秦始皇又命蒙恬（tián）为大将，平定了匈奴，然后又在当地设置了一个郡。至此，秦朝的郡数达到了四十个。

秦始皇的一系列政策，巩固了中央集权。他利用韩非的中央集权思想来治理国家，结束了过去几百年的分封制，进入封建社会。而秦始皇的最大的一项功绩就是修筑了长城。

战国时期，由于燕国和赵国的衰落，北方的匈奴就趁势向南方侵略，并且夺取了河南（今内蒙古河套以南地区）大部分土地。秦始皇后来虽然派蒙恬收回了河南的土地，但是匈奴的威胁依然存在，于是就命蒙恬将收服的俘虏和当地的囚犯都发配到河套地区进行开荒。秦始皇为了能够稳定中原的局势，又征收了几十万的农夫，将燕国、赵国以及秦国北边原有的长城连接在一起，并且修筑了新的城墙。

秦始皇只是将以前的燕国、赵国和秦国的长城连接在了一起，而如今我们看到的长城，则是在汉代以后经过历代修筑才完成的。

焚书坑儒

公元前 213 年，秦始皇设宴款待群臣。在宴会上，淳于越对秦始皇采取的中央集权政策提出了异议。他认为传统的分封制才是正统体制，封建制是有悖（bèi）伦常的体制。而李斯却认为，国家的体制不仅限于一种形式，国家、朝代在更替的同时，其体制也应该适当进行更换。

后来，李斯针对淳于越的说法还专门上了一道奏折。他认为一个国家的体制应该随着这个国家的变化而变化，国家体制并不定性，就如同变法一样，只有经历过变法，国家才能够增强实力。所以，秦国统一六国后，也需要对国家的体制进行改进，同时巩固新的体制。但是就当时秦朝的社会来说，很多儒生对新的知识不愿意学习，而且还讽刺当时社会。朝廷需要对这些儒家的言论进行控制，李斯就提出了要将一切与中央集权相悖的书籍都烧掉，只留一些医药和占卜等书籍的意见，如果还有儒生敢妄议朝政，就诛九族。

李斯提出的主张被秦始皇接受了。随后秦始皇就下达了一道旨令，命令相关官员将所有与儒家思想等相关的书都烧毁，如果有人敢违背，就立刻处死。这道旨令下发后，相关官员就开始收集相应的书籍。虽然这种做法遭到了当时秦朝太子扶苏的反对，但是秦始皇并没有听扶苏的劝谏，很多书都被收缴并且焚烧。太子扶苏为了挽救一些书籍，就将一些没有写字的书籍滥竽充数，但是却被李斯识破了，最终扶苏收集的众多书籍也被焚毁了。

秦始皇这次的焚书事件在当时的秦朝引起了极大的震动，也使社会各界人士加深了对秦始皇的不满。另外，当时秦朝有两个方士对炼丹之术很有研究，他们自称能够炼制出长生不老的药。然而，他们对秦始皇并没有好感，时不时就会在背后说秦始皇的不是，秦始皇得知后，派人去抓他们，但他们已经逃跑了。这件事使秦始皇对人们背后议论他颇为在意，为了防止这种风气蔓延，他就勒令相关的官员追查在背后议论他的人，发现一些儒生也议论过他，于是秦始皇下令，将议论他的儒生都进行活埋，这就是历史上有名的"坑儒"事件。

张良行刺

　　秦王政统一六国后，就自封为始皇，同时建立了中央集权，并且在全国范围内实行新政。他的这些新政遭到了很多原来六国之人的反对。六国刚刚一统，大家的灭国之仇还没有平复，很多人都怀着国仇家恨，想要杀了秦始皇，为自己的国家和家人报仇，张良就是其中之一。

　　张良本是韩国人，在韩国被秦国灭国的时候，他因为年纪小，所以逃过了一劫。但是他立志要为国雪耻，于是就将家里的东西都卖了，然后离家到了关外，想要行刺秦始皇。他在关外与一个大力士结识，这个大力士名叫武川，他有一个武器是大锤。这个锤子在武川的手里能够发挥出巨大的破坏力。张良将自己的报仇志向告诉了武川，武川决定帮张良报仇。得到武川的帮助后，张良开始四处秘密打探秦始皇的情况和他的行程。由于秦始皇统一六国后很喜欢四处去巡察，张良有一次打探到了秦始皇的出行路线，于是他就和武川提前到了秦始皇出行的路上埋伏，而他们埋伏的地方就是博浪沙（今河南原阳东南）。

秦始皇之所以喜欢外出巡察，主要是为了进行民心的安抚。由于六国刚刚兼并，很多原来其他诸侯国的民众对秦朝的统治还有一些不习惯，加上六国遗留贵族的煽动，很容易使刚刚建立的秦朝出现动荡的情况，于是他就采用外出巡察的方法来更好地震慑六国余下的贵族。他开始是在原来秦国的地界内进行巡察，后来他逐渐扩大巡察的范围，开始全国巡察。

公元前 218 年，秦始皇东游经过博浪沙。张良等人早已埋伏在这里。当他们看到秦始皇的车队出现的时候，武川就按照张良的计谋，对准其中的"天子驾"砸了过去。然而，这个车却是空的。原来，秦始皇也知道自己的统治很可能遭到其他人的不满，甚至会有人暗杀自己，于是他就在途中任意换乘车驾。张良眼见刺杀失败，于是就紧急带着武川逃跑了。最后张良在下邳（pi，今江苏睢宁北）隐姓埋名，才躲过了搜捕。

胡亥篡位

　　公元前 210 年，秦始皇带着赵高、李斯以及胡亥（hài）去东南视察。胡亥是秦始皇的小儿子，而赵高则是胡亥的心腹。

　　而秦始皇从会稽郡出来之后，就得病了，他一路上病得不轻。公元前 210 年的 7 月，秦始皇在沙丘一病不起。这时候秦始皇想要下诏书让扶苏主持自己的丧事，但是这个消息还没有发出去，他就病死了。

　　这时候李斯提出了秘不发丧的办法，以稳定朝局。这件事除了贴身服侍秦始皇的人之外，没有任何大臣知道。同时，李斯让赵高将秦始皇的诏令发给扶苏，好让扶苏来主持朝局。但是赵高却将秦始皇的诏令给藏了起来，不想给扶苏。原来赵高与蒙恬有仇，而蒙恬又是扶苏的心腹，如果扶苏上位，那么赵高一定会没命。这时候赵高就与胡亥商讨着夺位。然后，他们又逼迫胆小且担心自己丞相位置不保的李斯加入了他们。

　　李斯、赵高以及胡亥边隐瞒秦始皇已死的消息，边秘密地伪造了一份假的遗诏。然后，他们又写了一封假的信件，指明扶苏与蒙恬对秦始皇不忠，要造反。然后将此信送了出去，并且让他们的心腹逼迫蒙恬和扶苏自杀。

办完相应事宜后，他们就带着人马连夜赶回咸阳。但是秦始皇的尸体已经因夏季的高温而发臭了。为了防止人们怀疑，赵高就让士兵们买了很多鲍鱼，利用鲍鱼的气味来掩盖秦始皇尸体的臭味。就这样，他们一路上很顺利地就将秦始皇的尸体运了回去。等到蒙恬和扶苏都死后，胡亥才宣布了秦始皇的死讯，然后拿着假的遗诏登位了。所有大臣都不知道秦始皇早死了，加上秦始皇生前也喜欢胡亥，所以没有人提出异议。

胡亥登位后，就只提升了赵高的官职。然后他们两个人制定了很多苛刻的条例，弄得民不聊生。

指鹿为马

　　胡亥继位后，被称为秦二世。秦二世在位期间，很信任赵高，给了赵高很高的官衔以及很大的权力。赵高起初不满于李斯在他的官位之上，两年就设计将李斯处死了。李斯死后，赵高就做了丞相。而赵高这个人虽然是秦二世的心腹，但是他也有着自己的野心，他时时刻刻都在梦想着自己登上帝位。但是赵高知道，以现在的秦朝来说，他要是想登位，还有一定的难度。因为在朝廷中还有很多的忠直大臣，这些人一定会反对他登位。所以为了测试出哪些大臣比较忠直，哪些大臣又可以被自己利用，支持自己登位，他想出了一个绝佳的办法。

　　一天，赵高让自己的手下从别的地方牵来了一只鹿，当着秦二世以及众大臣的面，他指着这只鹿对秦二世说，这是一匹良驹。秦二世很困惑，他虽然昏庸，但是也认得这是鹿，于是他就笑着对赵高说这是一只鹿。但是赵高却坚称这是一匹马，而且是好马。

　　赵高看见秦二世越来越迷惑，于是为了加强自己的话语的可信度，他就指着众大臣，让这些大臣来分辨，这到底是不是马。这些大臣也很困惑，大家都认为赵高可能是疯了，怎么将鹿说成了马。其实，赵高只是想借这次的机会，来试探一下忠直的官员而已。如果官员忠直，那么一定会指出这是一只鹿，而那些支持自己的人，则会顺着自己的说法说这是一匹马。

赵高在要求众大臣说这到底是不是马之后，就一直盯着各个大臣，而且目光很阴险。很多大臣都看出了他的意思，于是一些大臣就逢迎着赵高说这是一匹马。但还是有很多忠直朝臣坚称这是一只鹿。

赵高一一记下了这些说鹿的人。过了不久，这些忠直的大臣一个个都蒙了难，不是被诬陷有罪，就是被贬黜（chù），总之，这些忠直的大臣被赵高用尽各种手段铲除了。自此以后，朝廷中的大臣对赵高更加惧怕，对他的命令甚至比对秦二世还要遵从。

陈胜吴广起义

胡亥花费了大力气将秦始皇安葬之后，因为害怕自己篡位的秘密泄露出去，于是就杀死了自己众多的兄弟姐妹，然后也杀了一些老资格的大臣，随后又命令人重新开始建造阿房宫。

当时，中原的总人口只有区区两千万人，其中有两百万人去修建了秦始皇的陵寝、阿房宫，还有长城等。

在北方区域，由于地理面积较大，这里不仅需要有军队驻扎，同时还要押解为数众多的壮丁来进行北方的防御建设。公元前 209 年，阳城的地方官负责押解强行征讨来的九百名壮丁前往渔阳（今北京密云西南）。在这些壮丁中，有两个农民，他们就是陈胜和吴广。

其中陈胜在壮年的时候，曾经与其他的雇农一起为地主服务。有一次，他看着正在休息的其他农民就说谁要是富贵了，不能够忘了大家的话。这些人当时以为是玩笑话。后来他们被抓了壮丁。他们这些壮丁向着北方前进的过程中，于大泽乡遇上了阴雨天气，于是不得已耽误了一定的路程，这样即使到了渔阳也会因为耽误路程而被杀头。陈胜就与吴广偷偷联系，想着反正都是一死，何不借着楚国将领项燕的名字来造反，也许还有一条出路。

后来，陈胜以及吴广带着众人去见了负责押解的军官，并且向军官提出要回家种地的要求，但是军官却想要杀他们，于是陈胜奋起反抗，将军官杀了。随后陈胜就向这些人说要造反，大伙儿也都愿意跟随陈胜。陈胜占领了大泽乡之后，愿意加入陈胜和吴广造反队伍的人越来越多。他们就利用木棍做刀枪，然后举起竹竿做旗帜，陈胜和吴广带着这些农民起义，攻打县城，"揭竿而起"的故事就是出自这里。

后来陈胜在占领了陈县后，被推为楚王，同时建立张楚政权。陈胜和吴广的起义，受到了各个地区起义军的认可以及当地百姓的尊重，但是随着他们的战线越拉越长，也使得号令无法统一，很多地方都出现了脱离组织的情况，而陈胜和吴广派出去的分支也受到了秦军的大力打压。最终，陈胜死在了叛徒的手上。

项羽与刘邦

　　在陈胜吴广起义的时候，会稽的项梁和项羽也杀了会稽的郡守，占领会稽准备起义。那时，项羽只有二十四岁，很多的年轻人都支持项羽。项梁的军队在短短的数天内就集结了八千人，由于这支军队中的青年较多，而且都是会稽当地的子弟，所以他们也被称为子弟兵。

　　项羽的祖父就是楚国的项燕，项羽的父母过世后，项梁就开始抚养项羽。项梁对于国破家亡的仇恨一直没有忘记，他一直都想报仇。但是他个人的力量太过薄弱。

　　在项羽小的时候，项梁想要教他读书，但是项羽不想学。然后项梁又教他剑法，但是项羽也不要学。于是项梁就问他想要学什么，他就回答想要学能够统领万人的本事。于是，项梁就开始教他兵法。项羽很有天赋，对于兵法学习得很透彻。后来有一次，项梁杀了人，就带着项羽逃往了吴中。在吴中，项梁和项羽很快就成了名人。项羽年轻而且力大，可以将千斤重的大鼎（古代煮东西用的器物，圆形，三足两耳，也有方形四足的）举起来，大家都很敬佩他。而项梁则能文能武，能够教人们兵法和武功。

项梁和项羽起义后，就带着他们集结起来的八千子弟兵一路来到了下邳，然后他们就在薛城（在今山东南部）驻扎，这时有个叫刘邦的人带着一百多人来投靠他。刘邦是沛县（在今江苏沛县）人，他还是沛县的亭长（秦朝十里一亭，亭长是管理十里以内的小官），他的主要工作就是负责抓壮丁。但是有一次他在押送壮丁的时候，丢失了几名壮丁，这样的事情会使得他送命，于是他就想着要逃走。他放了那些壮丁，带着其中十几人从小道逃走。在逃跑的途中刘邦还杀了一条大白蛇，自此，人们开始传言说刘邦是赤帝的儿子，其是真命天子，将要消灭秦朝。

后来，刘邦带着十几名壮丁逃到了芒砀（dàng）山（在今河南永城东北），并且隐藏起来。随后加入他们的人也越来越多，同时刘邦还结识了萧何和曹参。在陈胜吴广起义后，萧何就让樊哙（kuài）通知刘邦回到沛县。在刘邦带着一百多人回到沛县时，百姓都开城门迎接他，从此，刘邦就做了沛公。随后，刘邦又带着人马攻占了自己的家乡丰乡，结识了张良。最终两人商量着去投靠了项羽。

张良学艺

　　在博浪沙的刺杀行动失败后，张良就逃到了下邳隐藏了起来。在下邳这里，他结识了很多的有识之士，他常常与这些人一起谈论文学，大家都认为他是个很有学问的人。

　　一次，张良早起外出散心。他来到下邳之后一直对自己的刺杀失败耿耿于怀，同时他还在秘密地探听关于秦始皇的相关消息。他在散步的时候，一直在思考问题，不知不觉就走到了一个桥边。在大桥上，他看见一个穿着黄色大褂的老头坐在桥头上，脚悬空在桥下。他觉得这个老头很怪，于是就想走过去问问，但是这时候老头的鞋掉了，老头转头要求张良将他的鞋捡回来。

　　张良听了这样的要求很生气，但是碍于他是个老人，就没有发作。张良不情愿地到桥下捡起了老人的鞋。然而老人并没有用手接过鞋的意思，而是直接伸出脚，要求张良给他穿上。张良愣了，他觉得这个老头得寸进尺（比喻贪得无厌），但是面对这样的一个老人家，他也不能够责骂他，于是他就气呼呼地为老人穿上了鞋。老人在穿好鞋之后，并没有向张良道谢，而是直接走了，但是这个老人在走了几步之后就转头对张良说可以过几天再到这里来找他，他能够教张良一些东西。

　　这时，张良才感觉出这个老头有点儿本事，于是恭恭敬敬地向老人行了一个礼，并承诺过几天一定来。到了约定的时间，张良早早起床来到了当时见到老人的桥上，但是这时候老人却早就到了，老人看到张良很生气，说他到得太晚了。于是张良就请求老人不要生气，再给他一次机会。老人就要求他过几天再来。又过了几天，张良天还没亮就来了，但是依然比老人晚。

　　张良认为自己不够有诚意，于是第三次，张良在半夜就到了桥上。这次老人看到了他的诚意，便把一本兵书交给了他，而这本书就是传说由姜太公编写的《太公兵法》。自此以后，张良日夜阅读这本兵书，这为他日后成为刘邦手下的重要谋臣奠定了基础。

胯下之辱

韩信是刘邦手下有名的将领，为刘邦入主中原立下了汗马功劳。

韩信自小家境清贫，他常常会没饭吃。他少年时，母亲就因病去世了，韩信自此以后就成为一个无父无母的孤儿。韩信在埋葬他母亲的时候，坚持要将母亲埋在高处，这使得周围的人们都认为韩信将来会很有出息。韩信成为孤儿后，就开始了流浪和乞讨的生活。

韩信认识一些字，于是他就到处借书看，他尤其喜欢看有关兵法的书籍，同时他还偷偷地到军队的演练场去看士兵操练。韩信就这样偷偷地学习技艺，因为他的勤奋和聪慧，偷学了一身的好武艺。韩信崇尚武士，所以总穿着一件破烂的武士服，腰里还随时挂着一柄剑。

韩信后来投奔了一个相熟的亭长，这家人开始对他很好，但是后来亭长的老婆越看韩信越不顺眼，时常对韩信冷嘲热讽。韩信见此情况，就收拾东西走了。韩信回到了自己的家中后，由于没有工作，他只能够挨饿。后来他看到有人以卖鱼为生，于是他也想靠卖鱼求得温饱。他向熟人借了钱，每天都到河边去钓鱼。开始的时候他钓不到鱼，总是饿肚子。一个大娘见他可怜，就天天都给他带吃的。他很感激这个大娘，发誓将来要是自己飞黄腾达，一定要报答她。

　　一天，韩信破天荒地钓到了很多鱼，他开开心心地拿着鱼到集市上卖，换得了一些钱。等到韩信回家的时候，走在一座桥上，却被人拦了下来。这个人是当地的地痞流氓，专门喜欢欺负人。这个人见到韩信后就冷嘲热讽，并且说如果韩信不能够拿着剑刺伤他，就要韩信从他的胯下钻过去。很多人都围着看热闹，韩信当时很生气，真的想一剑杀了他。但是韩信很快就冷静下来，他认为自己还没有飞黄腾达，如果因为这种人而成了杀人犯不值得，于是他就强忍下这口气，从这个地痞流氓的胯下钻了过去，从此以后人们就叫这座桥为"胯下桥"。

　　韩信当了大将军后，这座桥就改名为"韩信桥"。

破釜沉舟

在谋士范增的建议下，项梁决定立楚怀王的孙子做楚王，仍称楚怀王。在立了楚怀王后，项梁开始重整军队，想要与秦军作战。他在与章邯（hán）的交战中屡屡获胜，这使得项梁开始有些骄傲自满。然而，在他骄傲的时候，章邯却反扑了，这打了项梁一个措手不及，项梁战死了。项梁死后，刘邦和项羽只好带着队伍退回到了彭城（今江苏徐州）。

而章邯在打败项梁后，开始乘胜追击，并且占领了邯郸。这时楚怀王接到了赵国（此赵国并非是战国时期的赵国，而是一个新兴的政权）赵王的求救信息，于是他就召集各个将领，并且说，谁要是攻下咸阳，就封谁为王。刘邦和项羽都愿意参加。楚怀王就命刘邦去攻打咸阳，而命项羽去围困章邯。楚怀王也害怕项羽的势力过大不容易控制，于是就安排宋义作为上将军，安排项羽作为副将，一起出征。

公元前207年，宋义领军在安阳（在今河南安阳西南）扎营，他因为惧怕秦军，一直迟迟不敢发兵攻打秦军，这使得项羽很焦急，于是他向宋义请战，但是被宋义严词拒绝了。项羽一气之下，就把宋义杀了，并且说是奉了楚王的密令。所有的将士都推举项羽做上将军，统领他们与秦军作战。项羽先是命令蒲将军和英布作为先锋部队试探秦军，两人大败秦军。接着项羽又要求所有的军士只能够带着三天的口粮，而且要将锅全都砸碎，将船也凿沉了，与秦军决一死战。这就是"破釜沉舟"这一成语的由来。

项羽这种只能够进攻不能撤退的做法，也在一定程度上激发了楚军的气势。在与章邯作战的时候，项羽骑着乌骓（zhuī，一匹黑色的千里马），仿佛进入无人之境。最终，章邯被打败，逃走了。项羽因为此战一战成名，被封为诸侯上将军。项羽想要追击章邯的时候，被范增拦住了，说是要等秦军出现内乱，逼章邯投降。如范增所料，胡亥要杀章邯。章邯不得已向项羽求和，项羽也因为范增的建议，放下了与章邯的私怨，两者签订了盟约。后来，项羽带领着章邯，一直向着西边挺进。

刘邦约法三章

章邯投降的消息传到咸阳后，众大臣和胡亥都很慌张。而赵高已经为自己想好了退路。他把责任都推到了胡亥的身上，并设计杀死了胡亥。本来他想自立为王，但是他怕众诸侯不服，于是就立子婴为秦王。但是子婴却对赵高没有好感，于是设计将赵高杀了。

这时的咸阳已经十分混乱，项羽就加快了进军的脚步。但是他又担心投降的秦军出乱子，于是他在新安（今河南洛阳新安）城南安营扎寨，将投降的秦军全部都杀死了，项羽也因为这件事而被冠上了残暴之名。

公元前 207 年，刘邦带领着军队攻破了武关。子婴在峣（yáo）关（在今陕西商洛市西北）安插了五万人马。在张良的建议下，刘邦利用疑兵之计在峣关的两边都插了旗帜，混淆（xiáo）视听，然后派周勃从东南方进攻，打了秦军一个措手不及，秦军战败。

刘邦在占领峣关后，就在灞（bà）上安营扎寨。子婴则带着秦朝的大臣前来灞上投降。刘邦接受了子婴的投降请求。后来，刘邦进驻了咸阳，他的兵士在咸阳城内抢夺各种值钱的物品。刘邦见到了阿房宫的繁华，也乐不思蜀了。这时候张良和樊哙都来劝谏刘邦，希望他能够回到灞上。刘邦虽然不舍，但是也只好回到了灞上。

随后，刘邦召集了各个县的百姓，表明要废除秦国的各项律法，并且颁布了三条法规：首先，就是杀人偿命；其次就是打人为犯罪。最后就是偷盗也算犯罪。"约法三章"（指订立律法，与人民相约遵守。后来泛指订立简单的共同遵守的条款）这个成语就是出自这个故事。

所有百姓听到这三条法规后，都很高兴，热情地接待了刘邦的军队。这件事给关中的百姓留下了很好的印象。刘邦因为战功卓著、大获民心而担心项羽对他不利，于是就召集众谋士商议对策。刘邦采纳了一个谋士的建议，立刻派兵到了函谷关，以阻拦项羽。等到项羽到了函谷关后，无论怎么说也进不去，于是他就率兵直接攻下了函谷关，而且一直到了鸿门（今陕西西安临潼区东北鸿门堡村），他才安营扎寨。这时，项羽开始思考惩罚刘邦的办法。

鸿门宴

　　范增认为，刘邦这种贪财好色的小人在咸阳能够抵得住财色诱惑，可见其野心很大。项羽听了这话，顿时怒火中烧，想要冲到灞上去收拾刘邦。这时候项羽军队有四十万人，军队驻扎在鸿门。而刘邦的军队人数则只有十万，驻扎在灞上。项羽的叔伯中，有个名叫项伯的，与张良有着过命的交情。他连夜到灞上，将项羽要进攻灞上的消息告诉了张良。而张良则将这件事告诉了刘邦。刘邦为此很着急，一个劲儿地要求张良向项伯求情。项伯于是告诉刘邦让他去向项羽赔礼道歉。

　　次日，刘邦带着张良、樊哙、夏侯婴等人来到了鸿门请罪。在营前，刘邦留下了其他人，只带着张良去见项羽。见到项羽后，刘邦以大礼参拜了项羽。项羽见到刘邦后，就怒气冲冲地向他问罪。刘邦自知现在无法与项羽抗衡，而且自己也确实有错在先，于是诚恳地向项羽认错，但是也极力为自己辩解，表示自己绝没有违背项羽的意思。

　　项羽听了刘邦的辩解后，怒气就消了很多。然后，项羽就留下刘邦在此地喝酒。项羽和范增极力向刘邦劝酒，刘邦却一直提心吊胆，不敢多喝。随着时间的流逝，范增也很着急，因为项羽一直都没有提杀刘邦的事，于是就使劲向项羽使眼色，但是项羽一直没有下令。

范增没有办法，只得借口离开了一小会儿。他叫来了项庄，让他借敬酒的机会舞剑，然后刺杀刘邦。

项庄进到营帐中，在敬过酒后，就请求项羽允许他舞剑助兴。项伯看出了玄机，于是也借口要舞剑助兴。在舞剑过程中，项伯一直用身体挡着项庄，使得项庄没有机会得手。这时候张良叫来了樊哙，樊哙在帐前大闹，同时还出言顶撞了项羽，并说出了项羽的不是。项羽听了樊哙的话后，也陷入了沉思。后来刘邦借口上厕所，就带着一干人等溜走了。只有张良留下来赔不是，项羽后来也没有再追究。而范增则认为项羽太过小孩子气，不能够成大事，将来他们一干人等都会成为刘邦的俘虏。

萧何追韩信

　　项羽带着军队进了咸阳城，并且杀了投降的子婴和众多的秦朝大臣，然后尊楚怀王为义帝，并逐次分封了诸侯。他自己则做了众诸侯的首领，并自封为西楚霸王。同时他将刘邦封在了偏远的汉中和巴蜀之地，封他为汉王。

　　刘邦到了汉中和巴蜀后，就依次册封了自己的亲信。他封萧何为丞相，又封了很多的大将。但是跟着刘邦的士兵并不想在山中待着，于是开始出现私逃的现象，这使得汉王很着急。一天，又有人来回报，丞相萧何也跑了，这使得汉王更加焦虑。但是过了三天，萧何又回来了，原来萧何并不是逃跑了，只是去追韩信了。

　　韩信虽然是个孤儿，但是却很有胆识和谋略，他很善于带兵。他本来投身在项羽的军队中，但是项羽没有重用他。后来，他就投靠了汉王刘邦。由于受到萧何的赏识，他就留在了萧何处，萧何屡次向汉王推荐韩信，但是汉王都不想重用韩信。韩信知道这件事后，就出走了。萧何听到下人的通报后，急急忙忙地追了出去。萧何追到了月亮升起来才看到韩信，韩信很感激萧何，但觉得自己得不到重用，留着也没有用。而萧何和后来追过来的夏侯婴则极力地将其拉了回去。

汉王了解到这件事后，对于萧何的做法很不满。但是萧何说，将军到处都是，但是韩信这样的人才却不可以错过，如果汉王想要入主中原，就一定要重用韩信。汉王听了萧何的意见，封了韩信做大将。汉王想听听韩信对入主中原、打败霸王的意见，就召来了韩信与之详谈。韩信认为汉王目前还比不上霸王，但是霸王这个人只有匹夫之勇，不会重用人才，而且他已经逐渐丧失了民心，各个诸侯对他也有着很多不满。而汉王每到一个地方的时候，都极力安抚百姓，没有强取豪夺，已经赢得了民心，仅凭这一点，就已经赢了霸王。但汉王还是需要韬光养晦（比喻隐藏才能，不使外露），操练兵士，这样才能够打败霸王。

刘邦听了韩信的话后，对韩信很佩服。于是他就任命韩信操练军队，为战胜霸王做准备。

明修栈道，暗度陈仓

自从韩信做了大将后，开始日夜训练军队，终于训练出了一支军纪严明、战斗力强的军队。这时，韩信就与汉王商议要东征。但是这件事要秘密进行，不能够给项羽反应的时间。公元前206年，韩信以及汉王率领大军悄然离开了南郑。同时，韩信要求兵将们维修栈（zhàn）道（在悬崖绝壁上凿孔支架木桩，铺上木板而成的窄路），只有维修好栈道才能够东征。但是这个已毁坏的栈道有三百多里，真要修起来，恐怕一年时间都不够用。

在修栈道的过程中，樊哙和周勃都多有抱怨。后来韩信听说了这件事，就撤了樊哙和周勃，换上了新的监工。果然，修栈道的速度提升了。

但是栈道还没有修建多久，这个消息就走漏了。章邯知道了这个消息后，就命令人去打听，然后又命令人做好抵抗的准备。回报的人说修栈道的速度虽然快，但是没有两三年依然修不好，还说带头的人是韩信。章邯为避免有诈，就将兵马囤积到了西边守住栈道口，而且还天天派人打探消息。

一天，又有消息传来，说汉王的军队已经占领了陈仓。原来，这是韩信出的一个计谋，他明修栈道，其实是暗中从别的地方进军偷袭陈仓。章邯到陈仓去救援，韩信带领着军队与章邯的军队短兵相接，韩信对于当地的地形很熟悉，他与章邯作战的时候很轻松地就打败了章邯。而樊哙以及周勃等人被韩信要求去进攻咸阳，由于百姓对于汉王有着很大的好感，所以抵抗并不激烈，樊哙等人没有费多大的力气就占领了咸阳。

刘邦占领了关中的地盘后，他就派谋臣张良去向项羽解释，刘邦称他只想要关中的地盘，不会再向着中原进发，请项羽放心，不要来攻打他们。这些话其实是刘邦的缓兵之计，他现在还需要积攒实力，并且要找到良好的机会，才能够进一步向着中原进发。虽然项羽和范增也知道这是刘邦的缓兵之计，但是他们已经自顾不暇（照顾自己都来不及，哪里还能顾到别人）了，于是只能够答应刘邦的建议。

自此以后，关中的地盘都归到了刘邦手中，刘邦也有了暂时休整的时间，他离他一统中原的目标也越来越近。

楚汉争霸

在刘邦占领关中地盘时，项羽本来是要去阻止刘邦的，但是他却接到了齐国的急报。原来齐国的田荣一直想要做齐王，他趁乱将项羽册封的齐王杀死了，并且自立为王，项羽不得已只得急忙发兵齐国。

在攻打齐国前，项羽还暗自命令英布将义帝杀了。在义帝死后，霸王就开始专心对付齐国。而刘邦在项羽与齐国作战的时候，趁机开始东侵，他想要占领彭城。后来，汉王还利用离间计离间了范增与项羽的关系，范增在请辞返乡的途中病死了。

在刘邦进攻彭城时，项羽与齐国的战争也快结束了，项羽在接到彭城告急信的时候，就发兵来救援彭城。在彭城，楚军与汉军进行了对决性质的战斗，在这场战役中，项羽最终成为赢家。刘邦带着战败的军队退守到了荥（xíng）阳（在今河南荥阳）区域，在这里他开始集合被项羽大军打散的士兵。不久之后，萧何以及韩信带着大军前来支援刘邦，刘邦本来因为战败而焦急的心，也瞬间安定下来，他开始重整旗鼓，与楚军作战。

刘邦利用以攻为守的方式来进行作战，他命令一部分士兵留守荥阳，同时又安排韩信到北部去与赵、燕、魏三国作战，尽可能地收服这三个国家。项羽由于失去了范增，他身边已经没有谋臣可以为他出谋划策，这使得项羽无法识破刘邦的以攻为守的计谋。

后来刘邦运用很少的兵力来守卫荥阳，同时命令韩信与彭越夹击楚军，楚军与汉军的交战一直持续了两年多。在这期间，楚军的粮草最先出现了供应不足的现象。而且在项羽与刘邦对峙的时候，刘邦还时不时数落项羽的罪行。后来，项羽就用箭射伤了刘邦，但是刘邦没死。

再后来，项羽不得已与刘邦讲和，还放了被他所抓的刘邦的父亲和妻儿。自此以后，两人以鸿沟为界，西边归刘邦，东边归项羽，两者互不侵犯。但是这种局面并没有维持很长时间，在停战的两个月后，刘邦就联合其他人马向项羽挑战，楚汉的最终决战也由此展开了。

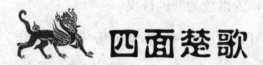

公元前 202 年，韩信在垓（gāi）下（在今安徽固镇东北沱河南岸）设了一个十面埋伏的局，并用激将法来刺激霸王攻打垓下。在垓下，霸王没有看到韩信，但是已经被汉军所包围了，霸王带着兵士一路杀出了重围，追着韩信打。韩信一面打一面退，霸王追了很长的时间，汉军的人数不但没减，反而增了。后来，霸王的军队人数已经严重不足了。

半夜里，霸王听到汉军的军营里有楚人的歌声，"四面楚歌"（形容四面受敌，处于孤立危急的困境）这一成语就是出自这个故事。霸王听着楚人的歌，开始感伤起来。他看着虞姬以及乌骓，也有感而发，唱起了歌。唱完歌后，他便骑上了乌骓，带着他的八百子弟兵直接向着南方突围，他打算过淮河向东进发。霸王在过了淮河后，就迷了路，于是他向一个庄稼人打听如何去彭城。这个庄稼人就告诉他应该怎么走。但是项羽走了很长时间，最后连道路都看不见了，也没有看到彭城。这时候的霸王意识到自己上当了，于是就往回返。可是这时汉王的追兵也到了。最终，霸王只能够带着仅剩下的二十八个骑兵来到了东城（治今安徽定远东南）。然而围着他的追兵就有好几千人，霸王知道自己可能要躲不过了，不过，他还是要做最后的努力。于是他带着二十八个骑兵分头突围。

人人都说霸王神勇，这绝不是谣传，他以一夫当关、万夫莫开的气势一直杀到了乌江（在今安徽和县东北）。而跟着他的子弟兵只少了两个。到了乌江后，他看见乌江上有一条小船，这条小船就是为接霸王准备的。大家希望他回到江东做王，然后重整旗鼓。但是项羽已经觉得没脸再回去见江东父老了，于是他将自己的乌骓送给了小船上的亭长，自己和其他子弟兵一起与汉军厮杀。最后，所有跟着霸王的子弟兵都死了，只剩下霸王一个人，他在积起的尸体上坚持作战，虽然他已身受重伤，但是依然无人能敌。后来，项羽看着随着自己出来的子弟兵们的尸体，一阵伤感，然后就拿着剑自刎（wěn）于乌江了。

两汉时期

高祖返乡

公元前 206 年，秦朝灭亡，汉朝也就是从这一年开始纪年的。虽然汉朝是从公元前 206 年开始纪年的，但是刘邦称帝却是在公元前 202 年，他是汉朝的第一任皇帝，后世称其为汉高祖。刘邦将汉朝的都城定在洛阳，然后又将咸阳改名为长安，后期他将都城迁到了长安。后世人一般将公元前 206 年到公元 25 年这段历史时期称为西汉。

在刘邦一统中原当了皇帝后，他召开了一个庆功会。在庆功会上，他向所有的大臣问了一个问题，他问大臣们为什么自己能够得到天下。所有的大臣都说一些恭维的话，刘邦听后，一个劲儿地摇头，他说自己之所以能够赢得天下，是因为他会用人，而项羽不会用人，所以项羽失了天下，而他得了天下。众大臣都认为刘邦说的很有道理。

刘邦虽然已经统一了中原，但是对于逃到东海海岛上的齐王田横还是耿耿于怀。于是刘邦就让人将齐王叫回来。而齐王不想投降，就自杀了，他的手下也跟着自尽了。刘邦对于项羽生前身边的大将钟离昧也很忌惮，但是钟离昧却躲在韩信处，这使得刘邦开始猜疑韩信。

公元前 201 年，汉高祖采用了陈平的计谋，下诏令让所有的功臣都到陈地集合。韩信知道这件事后，觉得不妙，就想要放弃钟离眜。钟离眜觉得信错了人，就自杀了。韩信见到汉高祖后，就直接被汉高祖绑了。在众人的求情下，韩信才保住性命，被降为淮阴侯。

西汉初期，诸侯割据的问题一直困扰着刘邦，刘邦就命萧何制定出治理国家的制度。但是各个诸侯还是不愿意听从刘邦的命令。陈豨（xī）自己封自己为代王后，刘邦想要派韩信和彭越去征讨，但是却被两人借口生病拒绝了。刘邦不得已只能亲征。陈豨的造反其实与韩信有一定的关系，知道这件事后，吕后与萧何就设计将韩信引到未央宫，然后将他抓住杀了。后来彭越也被设计杀死了。

淮南王英布听说韩信和彭越都被杀之后，就觉得自己离被杀不远了。于是他就奋起反抗，造反了。刘邦亲自带领大军与英布作战，最终大败英布军队。

白登之围

汉高祖迁都之后，匈奴就开始进犯汉朝。韩王信在与匈奴交战失败后，就投降了匈奴。汉高祖知道这件事后，十分生气。于是他决定亲率大军与匈奴作战。当时是冬季，天气十分寒冷，汉军无法抵抗北方的寒气，作战也不勇猛。但是匈奴的军队却节节败退，这件事很不寻常。

在刘邦接连取得多场胜利后，匈奴的军队已经被他赶到了代谷地界。刘邦驻扎在晋阳，同时派人去探听匈奴的具体情况。而探听的人回来说，匈奴只有老弱残兵在坚守阵地，已经没有精壮的士兵了。刘邦听到此消息很欣喜，但是他还是很谨慎，又派了刘敬去探听消息。刘敬探听到的消息也是匈奴的军营中只有老弱病残，但是刘敬认为这可能是个陷阱，有可能是匈奴故意叫这些人看守军营，而将精壮的士兵埋伏在军营的周边。但是刘邦这时候已经被接连的胜利和最终取得战争胜利的想法给冲昏了头脑，他没有听取刘敬的劝告，还将刘敬关了起来。

随后，刘邦带兵攻打匈奴的军营，果然中了埋伏。刘邦吃了败仗，被匈奴围困在白登山七天。后来刘邦安排使臣偷偷地送礼给匈奴单于的王后，请求她替刘邦说情，而王后也答应了。

公元前199年，刘邦带着残兵回到了长安，一回去就急忙让人将刘敬请来。刘邦见到刘敬后，主动承认了自己的错误，说是自己没有听他的劝告，因而打了败仗。但是现在汉朝已经没有力量来对付匈奴了，他希望刘敬能够替他想个办法。这时，刘敬提出了可以向匈奴求和的办法，同时可以将鲁元公主嫁给匈奴的单于，以换得汉朝的和平，这就是所谓的"和亲"。

鲁元公主毕竟是吕后的亲生女儿，吕后不舍得将鲁元公主嫁到外邦，于是就到刘邦面前哭诉。最终，刘邦只得将一个长得与鲁元公主很像的宫女假称鲁元公主嫁给了单于。单于并不知情，对待这个假的鲁元公主极好，这使得汉朝与匈奴之间停止了战争，很长一段时间匈奴都没有大规模地侵犯汉朝，使得汉朝有了充足的时间休养生息。

大风歌

公元前 196 年，吕后与萧何设计铲除韩信，并诛杀了韩信的三族。萧何与吕后密谋时，曾经怕韩信不应召进宫，于是就安排了庆祝刘邦取胜的宫宴，并劝说韩信赴宴。韩信因为是萧何举荐的他，所以十分信任萧何。而他在进宫后就被萧何和吕后诛杀了，这就是"成也萧何，败也萧何"（借指事情的成败或好坏都是由同一个人造成的）典故的由来。

后来刘邦知道了韩信被诛杀的事情，心里也偷偷地松了一口气。当彭越得知韩信被杀后，感到自己的处境很危险，就装病不出门。但是他的一个犯了错的手下跑到刘邦那里，告他谋反，刘邦为此十分生气，将他逮捕，并下令将彭越流放。但是彭越不愿意被流放，于是就去求吕后。没想到吕后却劝刘邦杀了彭越，最终彭越被吕后和刘邦设计杀死。

淮南王英布在韩信和彭越被杀后，就觉得刘邦随时可能来对付他。于是他将自己封地的兵力全部都集结起来，准备进攻长安，但是造反的事却走漏了消息。

萧何当时还很相信英布，但英布确实有了造反之心，公元前196年的夏季，英布攻占了楚地。刘邦知道英布造反后，就亲自带兵讨伐他。与英布对峙的时候，刘邦大骂英布忘恩负义，英布被刘邦骂得十分生气，就拿箭射伤了刘邦。最终刘邦采纳了张良的计谋，采取两路夹击的方式打败了英布，英布在逃亡的途中被杀了。

公元前195年，刘邦在得胜返回家乡时，受到家乡人民的热情款待，他在与乡亲们饮酒的时候，还作了一首歌，这首歌就是有名的《大风歌》：大风起兮云飞扬，威加海内兮归故乡，安得猛士兮守四方？

刘邦的《大风歌》表现了他对自己统一中原、稳定朝政的欣喜之情，为自己的成就而自豪，同时，他也歌颂了那些为国捐躯的烈士，并且表达了无人与自己分忧的孤独之感。刘邦在登基后，相继杀害有功之臣，这使得他身边已经没有可以说知心话的人了。

白马盟

汉高祖在回到家乡沛县的时候，因为高兴就免除了沛县的赋税。同时因为沛县百姓的热情挽留和招待，刘邦在高兴之余就册封刘濞（bì）为吴王。而追击英布的事，刘邦则交给其他的人负责，他就只管在自己的老家沛县过快乐的生活。

最终英布的军队大败，传说英布自杀身亡了，也有传说是英布被人暗杀了。但是无论怎样，叛乱终是被平定了。后来汉高祖从家乡返回长安，因为有人告密说燕王卢绾（wǎn）与陈豨曾经有过接触。这使得汉高祖又立刻派兵去攻打卢绾，并册立儿子刘建做了燕王。

汉高祖亲自讨伐英布的时候，曾经被英布用箭射伤，而伤势在他回到长安后越来越严重。从沛县返回长安的路上，汉高祖刘邦的伤势也是反复发作。他回到长安后不久，刘邦就下令让所有的大夫都为他诊治箭伤。虽然大夫说刘邦的伤是可以医治的，但是刘邦却并不让他们医治。他认为他的一切都是上天恩赐的，如果上天要他的命，那么就算是扁鹊再世也没有用。

由于刘邦坚决不治伤，所以他的身体每况愈下。吕后知道他已经时日无多了，就问刘邦如何安定朝局和任用人才。刘邦认为萧何可以安定大局，在萧何死后可以由曹参（shēn）代替。而曹参死了之后，则可以由王陵代替，并且由陈平辅佐。而周勃是开国功臣，则应该做太尉。再往后的事情他就没有交代了，因为以后的事情也许就说不准了。吕后听着刘邦的遗言，默默地流泪。

公元前195年，刘邦叫人宰杀了一匹白马，并与重要的大臣订立了盟约，盟约中规定无功不封侯，非刘姓者不得称王，违背这两条，天下的人都可以讨伐之。众大臣都愿意遵守这个盟约，在众大臣都答应了刘邦的要求后，刘邦就去世了。

刘邦死后，吕后的儿子继位，他就是汉惠帝，吕后做了太后。由于汉惠帝生性胆小怯懦，身体也很虚弱，因此，朝政大权就落到了吕后手里。对于吕后掌权，朝堂上众说纷纭。这也引发了吕家和刘家的争斗。

萧规曹随

　　汉高祖刘邦善用各种人才，他所任用的人才出身各不相同，但是绝大部分都是下层人民。刘邦当了皇帝后，他为了能够稳定朝局，就安排萧何制定律法。萧何在领命制定律法后，严格地要求全国的人民都要按照律法来做事。

　　萧何生活简朴，同时他还提倡全国一起节俭，就算是对汉高祖，他也没有给过很高的待遇。而且萧何还在汉高祖的示意下，招揽贤德之人，减少奴隶的数量，同时还将所有的六国贵族都迁到了关中。

　　汉惠帝继位后，萧何也逐渐老去，在他将要寿终正寝前，汉惠帝来征求相国的人选。在汉惠帝提出曹参后，萧何满意地点了头。

　　就这样，萧何去世后，曹参在汉高祖的遗言和众人的推荐下成了相国。曹参曾经做过齐相，因此，他治理国家的才能不在萧何之下。曹参做了相国后，就下令减轻百姓的赋税，让百姓休养生息，同时大力发展生产力，使得国家的元气快速地得到了恢复。

　　曹参严格遵守萧何所制定的法令，对于萧何的观点和主张他很认同。因此在萧何死后，他遵循着萧何的主张来办事和治理国家，这就是"萧规曹随" （指完全按照前任的成规办事）典故的由来。

曹参严格地执行萧何制定的法令，日夜辛苦操劳，但他也并不是万事都按照老规矩做，也适当进行了一些革新。他提出了一些有利于人口增长的策略，使得汉朝的人口有了明显的增加。

后来有人认为曹参只知道按照萧何的政令来管理国家，并没有自己提出过相应的制度，没有任何的功劳，因此，让他提出一些自己的主张来。而这些话也传到了曹参和汉惠帝的耳中。曹参见了汉惠帝就问汉惠帝与汉高祖之间是否有可比性，汉惠帝自认比不上汉高祖。于是曹参就说，他也自认比不上萧何，按照汉高祖和萧何的意愿来治理天下，一定能够使得国家强盛，何必要提出自己的主张呢，只要自己不做错事就行。

汉惠帝认为曹参的话有道理。而曹参在严格按照萧何制定的法令治理国家后，果然使得汉朝的整体实力得到了提升，汉朝的统治也更加稳固。

吕氏政权覆灭

公元前 188 年，少帝继位。这时候，曹参已死，王陵、陈平做了丞相。同时，支持吕后的朝臣也都相继去世。吕后担心老臣会站出来反对她，于是就想立吕家的人为王。但是这件事却遭到了王陵的反对，他认为这样违反了白马盟的誓言。而吕后在询问了陈平和周勃后，却得到了认同。于是吕后就免除了王陵的丞相之职，同时将自己已经去世的父亲封为宣王，哥哥吕泽封为悼武王，侄儿吕台封为吕王。后来吕台去世，他的儿子吕嘉继承王位。

公元前 184 年，少帝与吕后之间的关系破裂。原来少帝并非汉惠帝的皇后所生，他的母亲是被吕后所杀的，所以他立志要杀了吕后为自己的母亲报仇。而这件事却传到了吕后的耳中，吕后因为怕少帝报复就将少帝杀了。公元前 180 年，吕后病重。她将禁军的指挥权交给了吕禄和吕产，同时册封吕禄为上将军掌北军，让吕产掌控南军。同时，她留遗诏大赦天下，封吕产为相国。

吕后死后，吕禄和吕产没有送殡，他们两个想要谋反，但是又惧怕周勃等老臣，于是只能暂时按兵不动。刘章是吕禄的女婿，吕禄要谋反的事被刘章知道了，他赶紧将这件事通知了刘襄。刘襄得知这一消息后，就联合其他的诸侯王开始讨伐吕家人，并且亲自带兵攻打济南。

吕禄和吕产知道刘襄打来后，就立刻命灌婴去退敌。灌婴毕竟是老臣，他认为汉朝是刘家的天下，不应该帮着吕家人打刘家人。因此，他秘密联合刘襄，想在吕禄和吕产造反的时候，攻打他们。吕禄和吕产虽然是要造反，但是内忧外患却很严重。而周勃和陈平虽然赞成吕家人封王，但是却不想让吕家夺了刘家的天下，不过这时候周勃的手中已经没有了兵权。周勃安排人劝动吕禄交出兵权后，就将他放走了。周勃接管了吕禄的军队，又假借吕禄的命令要求吕产到被控制的军营来。吕产来了之后，就被杀了。自此，吕氏政权被彻底铲除。后来，所有的刘姓诸侯都撤军了，代王刘恒（héng）被推举为新的皇位继承人，他就是汉文帝。

缇萦救父

汉文帝的母亲薄氏自小就生活艰苦，而汉文帝小时候也吃了一些苦，所以对于百姓的生活有一定的了解。因此汉文帝继位后，他就大赦天下。

汉文帝还召集大臣讨论重新制定刑罚，众大臣就提议将一人犯罪全家受牵连的法令废除了。汉文帝又下了诏令，抚恤各地老人，同时为八十岁以上的老人，每个月免费提供金钱和粮食。汉文帝还要求百姓能够多提意见，以便让他能够更好地治理国家。

公元前 167 年，一个叫作淳于（姓为淳于）意的太仓令，因为不愿意做官，所以辞职了。而淳于意不仅是一个官员，还是一个医术很高的人。一次，一个商人请他为自己的妻子治病，但是商人的妻子在吃了他开的药之后，反而死了，这个商人就状告淳于意庸医杀人。淳于意被判处肉刑这种酷刑。但他曾经做过官，因此要到长安后才能够行刑。

淳于意有个女儿叫缇萦（yíng），她决心到长安去救出父亲。到了长安后，缇萦想要去见汉文帝，但是守城官不让她进，于是她就写了一封信，上呈给了汉文帝。汉文帝看了缇萦写的信后，很受感动，就提出废除肉刑这一刑罚。缇萦不仅救了自己的父亲，也救了天下很多犯错的人。

汉文帝实行仁政，犯罪的人也逐渐减少。他在继位后，还常常减免百姓的赋税和田租费用。在他的治理下，百姓过上了安定的生活，国家也有了一定的储蓄。

汉文帝提倡节俭，用的和穿的都很朴素，他身边的人也吃穿从简。但是汉文帝有一个很大的毛病，就是希望能够长生不老。在这一方面，汉文帝所花的费用相当多。曾经有一个叫新垣（yuán）平的方外之士献给汉文帝一个玉杯，说是仙人进献的，这使得汉文帝很高兴，赏赐他很多黄金。当时的丞相对于新垣平的话并不相信，于是他偷偷地调查新垣平，结果发现新垣平欺骗皇上，那个玉杯并不是仙人进献的。汉文帝知道这件事后，严惩了相关人员，同时还下发罪己诏，承认自己的错误。

汉文帝在位期间大力发展农业，同时不断削弱诸侯王的势力，使得中央集权逐渐稳固。

张释之谨遵法纪

在古代，买官的不良风气一直都存在。张释之在刚刚成人时，他的二哥就为他买了一个官做，这个官的职务是皇宫的保卫工作。但是张释之干了十年都没有出息，他就想着放弃当官。而当时朝廷中有一个叫袁盎的人，很欣赏张释之，于是将他推荐给了汉文帝。

汉文帝是难得的明君，他听了袁盎的推荐后，就命人传张释之觐见。张释之见到汉文帝后，便与汉文帝谈治国之道。张释之对于治国有着自己的主张和看法，他的看法不仅很有道理，而且对于朝廷的发展也有着很大的益处。因此，张释之得到了汉文帝的赏识，被封为谒者仆射，后来又被提升为公车令。

张释之上任后，严格执行汉朝的律法。一次，他见到太子和梁王快到宫门口了还要坐着马车向前，就将他们的座驾拦了下来，还判了他们一个大不敬的罪名。后来这件事被太后和汉文帝知道了，太子和梁王才可以进宫。张释之当时只是一个小小的公车令，就敢于得罪权贵，这使得汉文帝更加欣赏张释之，于是提拔他为中大夫。

后来张释之又被提升为廷尉。有一次汉文帝出行的时候，有一个人惊了汉文帝的车驾。这个人在逃跑未果后，被带到了张释之的面前，由张释之处置。张释之审问这个人之后，知道这个人只是一个过路人，在听到皇帝出行的喊声后，就吓得躲在桥下，不料他钻出来的时候，车驾竟然没有走，于是无意中冲撞了汉文帝的车驾。

张释之对这个人的话反复求证后，认为他没有说谎，于是只罚了他一些钱就放了他。汉文帝知道后，认为张释之罚得太轻，就叫他来问话。张释之便向汉文帝解释汉朝的律法，他认为法律面前人人平等，况且汉朝也有明文规定无意惊驾的处罚，所以处罚不能说太轻。汉文帝听了张释之的解释后，认为他做的事情没有错。

还有一次，有个贼将先帝庙中的一块玉偷走了，汉文帝很生气，就叫张释之灭了这个贼的九族。但是张释之却没有照办，只是杀了盗贼本人，这使得汉文帝心生不悦。张释之就拿着官帽为自己辩解，太后认为张释之没有错，随后汉文帝也认同了张释之的做法。

周亚夫严肃军纪

公元前 158 年，匈奴犯上作乱，侵扰汉朝百姓，烧杀抢掠，无恶不作。汉朝在建国初期，对于匈奴的政策一直采取的是避让亲近的政策，因此，这次匈奴侵犯汉朝边境，使得汉朝的军队完全没有抵抗力，节节败退。

汉文帝了解到边境的情况后，就急忙召集众大臣进行商议。他先是安排相应的军事力量来对抗匈奴，然后又安排了数位将军到都城关口进行守卫，同时，调遣大军前往边境与匈奴作战。他将刘礼安排在了灞上，周亚夫则安排在了细柳，最后徐厉则安排在棘（jí）门。在做好防御措施后，汉文帝要求这些大将只将匈奴赶走即可，不需要追击。

匈奴在得知汉文帝派来军队时，就逃走了，汉文帝随即就将军队调了回来。当初，在汉文帝刚刚布防好三路大军的时候，就曾到这三路大军中进行过视察。在刘礼和徐厉的军营中，汉文帝一路没有受到任何的阻拦，很顺利地就视察完了。但是汉文帝并不满意。而汉文帝到了细柳周亚夫驻守的军营后，在很远的地方就看到士兵们穿着整齐的军装，笔直地站在军营前。汉文帝的座驾到了前营门口的时候，被前营士兵拦截下来。汉文帝看到这里对于细柳的军事布防很满意，后来他拿出了相应的军事凭证，才得以进到军营中。

汉文帝进到军营后，他的随从官员却没有得到命令进入，只好留在了军营外。汉文帝在进入军营后也被要求不能够纵马驰骋，只能步行走入军营。汉文帝见到周亚夫的时候，周亚夫身着整齐的军装，说是穿着军装行礼不方便，就以军礼代替。汉文帝看到这里，已经十分满意，对周亚夫也肃然（十分恭敬的样子）起敬。汉文帝慰问过大军之后，才返回都城。从这一次的军队视察中，他发现了周亚夫的治军之才。在三个军营都被撤销后，周亚夫被提升为中尉，专管皇城的安全。

汉文帝去世前叮嘱太子，如果国家有难，就找周亚夫，他一定能够保障国家的稳定。

晁错削地

汉文帝死后，继位的皇帝就是汉景帝。汉景帝在位期间，虽然想要整加国库的储备量，但也还是一步步地进行，并没有强征赋税。同时，汉景帝在位期间，各诸侯的割据势力眼看着逐渐增强，这使得汉景帝很着急。

这时，朝中的大臣晁（cháo）错就对汉景帝提出了进行削（xuē）地的主张。汉景帝认为这一方法可行，但是这一方法在实行上会遇到很大的困难，一不小心就会引发诸侯叛乱。但晁错认为，诸侯要想反，无论削不削地，他们都会反，还不如趁他们没反之前，削弱他们的实力，免除后患。

汉景帝听了晁错的话，觉得有道理，就开始实行削地。楚王到京城办理事情的时候，晁错就拿着他被查出的犯错证据，将他扣留在京城并治罪，同时还将楚王的封地削了一个郡。后来，晁错又拿着赵王的犯错证据惩治赵王，也削了他一个郡。晁错先后帮着汉景帝削了很多诸侯王的封地，这使得诸侯王对晁错都很记恨。

在晁错将矛头对准吴王刘濞的时候，晁错的父亲亲自来见他，并且要求他停手。晁错认为自己没有做错，他是为国家尽忠，稳定朝局。晁错的父亲则认为他这样做虽然能够稳定朝局，但是却会陷晁家于危险的境地。不过晁错没有听从父亲的话，坚持自己的主张。晁错的父亲见无法劝动他，无奈地回到了老家，并且自杀了。

后来事情的发展真的应了晁错父亲的话，吴王刘濞被逼谋反，借着晁错的削地主张引起的公愤，再打着清君侧的旗号，联合其他六个诸侯王一起谋反，这就是历史上有名的"吴楚七国之乱"。公元前154年，汉朝出现吴楚七国之乱的境况，这使得汉景帝十分慌张。他随即杀了晁错想要平息诸侯王的怒火，结果根本没有用。汉景帝后悔已经来不及了，他在着急之下，想到了汉文帝临死前曾经说过，如果国家遭遇危难就找周亚夫。于是汉景帝亲自拜访周亚夫。最终周亚夫不负众望，在三个月之内就平定了七个诸侯王的叛乱。

随即，汉景帝下旨彻底剥夺了诸侯王的权力。吴楚七国之乱平定后，汉景帝又出台了一系列惠民的政策。在他的治理下，汉朝的国库逐渐丰盈起来，真正达到了国富民强。历史上将汉文帝与汉景帝在位的这段时期称为"文景之治"。

马邑诱击战

  公元前 141 年，汉景帝因病去世，汉武帝继位。针对汉武帝，历史对他的功过都进行了评价。汉武帝在位期间，增加百姓的赋税，针对重赋下的百姓造反实施暴力镇压。汉武帝不仅将目光转向造反的百姓，同时他也将目光转向了有钱有势的商人以及地主。他认为这些人是危害朝廷的蛀虫，所以他极力打压这些人。同时，他还规定所有的盐生产运输、商业活动、工程建设等都由国家来实施。

  另外，汉武帝在位期间，也做出了很多伟大的事情。比如他兴办学校，倡导推行儒家文化，加大抵御匈奴的力度等等。在汉武帝时期，也出现了很多的伟人，如司马迁、卫青、霍去病以及董仲舒等。卫青和霍去病则是汉朝抵抗匈奴的大英雄。

  匈奴一直生活在北方地区，常常侵犯中原（指黄河中下游地区，包括河南的大部分地区，山东的西部和河北、山西的南部），烧杀抢掠，无恶不作，边境的百姓一直都生活在水深火热之中。

  汉朝一开始的和亲政策完全不能够满足匈奴人的野心。公元前 133 年，汉武帝决定对匈奴实施远征。他下令要求边境的百姓迁出原居住地，并且利用军队进行边境土地的开垦，使得匈奴与游牧民族之间的联系被切断。同时，汉武帝还派出使臣积极地与周边国家结交，使得它们无法对匈奴伸出援手。

在一切事情都做好之后，汉武帝就开始进攻匈奴。马邑（yì，治今山西朔州市）是汉武帝与匈奴都想争取的地盘，在汉军占领马邑后，匈奴进行反复挑衅，使得汉武帝很焦虑。这时，一个叫王恢的将领提出了关门打狗的战略，历史上称其为"马邑之谋"。

王恢让跟匈奴有交情并且替匈奴传递消息的聂壹假传消息说马邑已经空虚，让匈奴单于带着大军进驻到马邑，然后他们关上城门，一举消灭匈奴的精锐大军。匈奴单于果然上当，带着大军想要进驻马邑。但是马邑设有埋伏的消息却不小心被泄露出去了，得到消息的匈奴大军立刻就返回了境外。

不过这件事并没有影响到汉武帝对匈奴的作战策略，他依然坚持与匈奴进行作战，以保卫边境的安定。

独尊儒术

公元前 140 年，汉武帝下诏各个地方举荐人才进京。各个地方的人才都汇集到了长安，汉武帝接见了这些才子，并且对他们进行策问考试。其中很多才子的答案都平淡无奇，但是有一个人的见解却很独特，这个人就是董仲舒。后来汉武帝又进行口试，在口试中，也只有董仲舒的回答具有新意，很符合汉武帝的要求。但是当时的丞相卫绾则认为这些读书人并不靠谱，同时认定他们是引发吴楚七国之乱的主要因素，所以建议汉武帝不要任用他们。汉武帝听从了丞相的意见，就让这些才子回家了。

过了一段时间，汉武帝又召集各地的才子来京城，而董仲舒又出现在这些才子中。汉武帝在答辩中提出了一个如何借用历史来治理国家的问题。董仲舒针对这个问题提出了自己的深刻见解。他自己就是儒家学派的弟子，他认为儒家学派中所提到的大一统理论符合汉朝政局的要求。而且要使国家稳定、百姓安居乐业，就要先统一思想，罢黜（chù）百家，独尊儒术，将儒家思想之外的一切思想都视为邪术，利用孔子的仁爱思想来治理国家，赢得百姓的支持，只有这样才能够使国家不容易出现分歧，官员的命令也能够得到贯彻落实，百姓的行为也可以得到约束。

董仲舒提出的罢黜百家、独尊儒术的主张非常符合汉武帝的中央集权思想。因此，汉武帝对董仲舒很满意，他采纳了董仲舒的意见，对儒家学派以外的思想学说进行限制。这样的举措实施后，在一定程度上使得皇家的法度得到了维护，也使得中央权力更加集中。汉武帝还听从董仲舒的意见，在长安设立太学，来更好地进行儒家思想的传播。

汉武帝本想封董仲舒一个大官，但是因为窦太后信奉道家学说，很排斥董仲舒，所以就将董仲舒安排到江都，做了一个小官。在江都，董仲舒知道江都王恃宠而骄，就向他讲解儒家思想中的忠孝仁义。江都王受到儒家思想学说的影响，开始收敛自己的行为，并且对董仲舒更加尊重。

董仲舒依经判案

汉武帝在位期间曾经召集过众多名士共同商讨朝政大局，其中的董仲舒对汉武帝的问题对答如流，受到汉武帝的青睐，并采取了他的政治主张。董仲舒的主张延续了孔子的主张，因为他很推崇孔子，所以认为治理国家就需要采取仁政和德治，要重视伦理道德，另外，还要对其他非儒家的学说进行打压，这就是后人所熟知的"罢黜百家，独尊儒术"主张。汉武帝采纳这个主张后，积极地在各个地方进行实施，儒家思想很快成为当时社会的正统思想。

董仲舒在当官的时候，如果遇到难题，就会从孔子的《春秋》中寻找解决的办法。一次，一个女子的丈夫乘渡船的时候掉入水里淹死了，但是尸体一直都没有被打捞上来。后来这个女子就想要改嫁，但是当时的律法却不允许女子在丈夫还没有下葬的时候就改嫁，于是这个女子就被判了死刑。董仲舒了解到事情的经过后，对这件事提出了不同的看法，他认为这样的刑罚过重。他随即引用了《春秋》中的一个案例来解说当时的案子，由于该女子只是遵从父母之命，并不是自己私通嫁人，所以不能判定她有罪。

后来又出现了一件案子。有一对父子和其他人发生了冲突，两伙人开始互殴。一方拿出刀子要杀父亲，儿子见状急了，就拿着棍子去阻拦，但是在混乱中，儿子拿的棍子不小心打到了父亲，父亲因此而受伤了，这个儿子就被判了不孝罪，要被施以重刑。

董仲舒了解到这件事情的原委后，又借用《春秋》中的一个经典例子来解说当时的情况。他认为这个儿子只是想要帮助自己的父亲，也没有要打伤父亲的动机，那么这样就属于误伤，不应该判那么重的刑。

董仲舒认为只有礼治才能够服人，才能够震慑人心。刑罚虽然可以限制百姓的行为，但是并不能使百姓内心的邪恶之念彻底消除。而实行礼治后，则可以使人们认识到犯罪是一件可耻的事情，那么他们就会从心里抵触犯罪。

董仲舒的主张在当时对统治阶级十分有利，于是汉武帝就采纳了他的主张。后来国家出现难题的时候，还有人专门去找董仲舒寻求解决的办法。

卫青与霍去病

在征讨匈奴的战争中，汉武帝派出四路抵御匈奴的军队，只有卫青率领的一路军队获得了战争的胜利，并且还俘虏了很多的匈奴兵。卫青回到都城后，汉武帝就给他升了官。

卫青本是平阳公主家的家奴，他的姐姐卫子夫则是平阳公主家的歌姬。后来卫子夫进了宫，很受汉武帝的宠爱，卫子夫在生下一个儿子后，被立为皇后。因为这层关系，再加上卫青确实有真才实学，所以汉武帝对他更加器重。

公元前 127 年，卫青带领军队占领了河套区域。同时，他又奉命从雁门出发，击败了匈奴的大军，战功卓著。公元前 124 年，卫青又在与匈奴的对战中获得了胜利，汉武帝就封卫青为大将军。虽然汉武帝还给了他其他的赏赐，但是都被卫青拒绝了。公元前 123 年，匈奴又来犯，大将军卫青就带着"飞将军"李广等去迎敌。而在这次战役中，另外一个著名的汉朝将领脱颖而出，他就是霍去病。

霍去病是卫青的外甥，霍去病参军的时候只有十八岁。他虽然年龄小，但是在战场上却很勇猛。他只带着八百名士兵，就截杀了一个匈奴的大营，不仅斩杀了匈奴的将领，还活捉了两个匈奴将官。这两个将官都是匈奴的贵族。因为霍去病立了如此大的功劳，汉武帝便对他进行了封赏。

自此以后，霍去病就成为汉朝抵御匈奴的中坚力量。他对战匈奴的多场战役中，最出名的有六场。公元前 121 年，霍去病率兵攻打匈奴，一直将匈奴赶出了河西地区，使得西边的道路都划归为汉朝的领土。公元前 119 年，霍去病已经被册封为骠骑（piào qí）将军，在匈奴再次犯境时，他与卫青一起被派去抵御匈奴。在这次战争中，卫青和霍去病分成两路夹击匈奴。卫青的这一队汉朝军队一路势如破竹，但是一直都没有抓到单于，于是卫青就回到了漠南驻扎。

霍去病在与匈奴的对战中，也连连获胜，并且斩杀和俘虏了多名匈奴的贵族，在追击匈奴的军队到达狼居胥山（今蒙古国境内肯特山）的时候，便停下进行庆贺。

自此以后，漠南部再也没有单于势力的存在，所有的匈奴人都逃到了漠北部居住。汉武帝为了奖赏霍去病，就想要给他建房子，但是霍去病认为匈奴还未灭，要房子没有用。这就是"匈奴不灭，无以家为"典故的由来。

"飞将军"李广

李广在汉文帝时期就开始做将军，到了汉武帝时期已经是三朝的老将。汉文帝对李广赞誉有加，认为他天生是个当将军的料。因为李广在与匈奴的作战中，骑马驰骋就好像在飞一样，而且他的箭法还十分精准，因此大家都叫他"飞将军"。

公元前129年，匈奴犯境，汉武帝任命卫青以及李广等四人为将，分成四路去抵御匈奴。在匈奴军中，"飞将军"李广的名声也很响，匈奴人都有点惧怕李广。这次汉武帝总共派出了四路人马来抵御匈奴，匈奴人知道将领中有李广，所以想要活捉他。李广带着自己的兵马与匈奴进行了战斗，并且取得了胜利。然而李广因为错估了形势，在追击匈奴时，意外中了匈奴设下的埋伏。因这场失误，李广成为匈奴的俘虏。在匈奴押解李广回去邀功的时候，李广假装奄奄一息。然后，他在匈奴防备松懈的时候，看准时机抢夺了一匹快马，一直向着南方狂奔。

匈奴的兵将反应过来李广逃跑时，再去追击李广，不仅没把人追到，还损兵折将。最后他们只能够看着李广逃走了。李广虽然逃回来了，但是他也打了败仗，被汉武帝判处死刑。好在当时在汉朝有一种可以用钱来赎罪的办法，所以李广花钱免去死罪，只是官职被剥夺，只能回家种地了。

数年后，匈奴又犯境，汉武帝这时候想起了李广，于是任命他为将军，抵御匈奴。后来匈奴知道李广被起用后，就逃走了。

公元前119年，李广已升任郎中令，天天陪伴在汉武帝的身边。但是他觉得自己依然未老，还想要带兵出征。在他的再三请求下，汉武帝任命李广为将，由大将军卫青统领出击匈奴。在安排军务的时候，卫青不管李广是否熟悉东路的情况，就派李广从东路绕行，到达漠北后和他会合。由于李广对于东路并不熟悉，迷路之后耽误行程延误了军机，卫青就要治他的罪。

李广知道这件事后感慨良多，他觉得自己年纪大了，不想再上公堂受审，且未能参战，于是就自杀了。

张骞出使西域

汉武帝继位初期，匈奴中有人投降了汉朝。这时候汉武帝就听说过有敦煌（今甘肃敦煌西）和天山这些地方，而且这些地方的小国对匈奴都没有好感，尤其是月氏（zhī）国，于是汉武帝就想要与月氏国联合。他下发明文选招有才之人通往西域（汉以后指现在玉门关、阳关以西地区的总称）去与月氏国联系，张骞（qiān）就报了名。公元前139年，张骞带着投降的匈奴人堂邑父以及众多的将士出使西域。

张骞等人在借道陇西（今甘肃临洮）的时候，被匈奴人所包围，他们就成了匈奴人的俘虏。张骞在匈奴地区住了十多年后，趁着匈奴人放松了警惕，就带着堂邑父逃走了。他们虽然想要去月氏国，但是却不知道路。于是他们决定先逃出匈奴人的地盘再说。他们逃出匈奴地区后，误打误撞进入到了大宛的地界。大宛与月氏国相距并不远，这里出产良驹和葡萄。这里的人说的都是匈奴话，张骞和堂邑父由于在匈奴住了十多年，因此交流上没有问题。大宛的国王听说张骞他们是中原人之后，就热情地招待了他们。后来在大宛国王的帮助下，张骞和堂邑父到达了月氏国。在月氏国，张骞见到了月氏国的国王，并且说明了汉武帝的意思。但是这位新的月氏王已经不愿意与匈奴继续作战了，张骞在劝说未果的情况下，只好动身返回汉朝。但是在回程的途中，他们又被匈奴抓住了。一年之后，匈奴发生内乱，张骞和堂邑父趁机逃出了匈奴区域。他们回到汉朝都城后，汉武帝接见并嘉奖了他们。

张骞在到达月氏国时，还观察到有很多其他的小国，这使得张骞有了第二次出使西域的想法。于是他就向汉武帝提出了再次出使的建议，汉武帝应允了。张骞这次虽然没有出使成功，但是却结交了滇（diān）国的国王，也算不虚此行。

公元前119年，汉武帝又派张骞出使西域。这时期各个国家都愿意与汉朝结交，张骞凭借着自己的能力，终于说服了几个国家。张骞死后，总共有三十六个国家愿意与汉朝结交。这些国家与汉朝通商，为汉朝丝绸等各种物品提供了商路，而张骞出使西域的路线也被后世称为"丝绸之路"。

苏武牧羊

汉武帝时期开通了丝绸之路，还将匈奴赶出了漠南，匈奴就开始向汉朝求和。公元前 100 年，汉武帝派使臣苏武将匈奴派来求和的使臣送归匈奴。然而，苏武到了匈奴地界后，被匈奴人百般羞辱。汉朝曾经有个降将名叫卫律，他在投降匈奴后，被单于册封为王。由于卫律叛国，他的副将一直都想要杀了他，但是苦于没有机会。这次苏武来了，卫律的这个副将就联合苏武的副手张胜，想要铲除卫律。但是这个消息却不小心被单于知道了。于是单于就下令审问这个副将，这个副将就将他与苏武副手共谋之事和盘托出。

后来，单于要审问苏武。苏武认为自己是使臣，使臣代表着一个国家的形象，绝对不能够被他国审讯。于是他在审讯到来之前，就想要自杀，但是却被张胜拦住了。卫律认为苏武是个人才，就劝他投降匈奴。但是苏武宁死不从。在卫律将软硬手段都用过之后，苏武仍然坚持不投降。单于也不想杀了苏武，于是就叫苏武到北海（今贝加尔湖）去牧羊。在北海，匈奴没有给过苏武一口饭吃，苏武也没有开口请求。他一直都是用野菜以及老鼠等充饥的，但他在牧羊期间一直都没有忘记自己是汉朝的使节，他一直盼望着能够回到汉朝。

公元前 87 年，汉武帝驾崩，汉昭帝继位。汉昭帝继位的时候只有八岁。在汉昭帝十岁时，匈奴发生了内乱，新的单于已经没有余力再来进攻汉朝了，于是他就想要与汉朝求和。汉朝派出使臣来到匈奴，并且要求匈奴将以前扣押的苏武等人释放。单于不想放了苏武，就谎称苏武死了。

后来，汉朝又派了使臣来，这次的汉朝使臣悄悄地买通了单于身边的人，打听到苏武所在的位置。使臣见到单于后就严词质问单于，单于被问得哑口无言，只得放了苏武。苏武在匈奴待了十九年，等他再次回到汉朝的时候，长安的所有百姓都出来迎接他，对于苏武宁死也不投降匈奴的做法非常敬佩。

桑弘羊重视盐铁

公元前 133 年，匈奴与西汉展开了长达数年的战争。由于战争的爆发，西汉国库逐渐空虚，为了应付战争的需要和稳定国家的经济，汉武帝广泛征求善于理财的人员。在众多善于经营的人才中，汉武帝对桑弘羊最为满意，他认为桑弘羊不仅具备较强的经济头脑，同时还具备较为深远的政治眼光。

桑弘羊本是一个富家子，他出身于洛阳的富商家庭。在当时的洛阳，社会风气就是注重钱财而轻视义气，人们都只想经商赚钱，很少有人想要当官。

由于社会风气的熏染以及家庭教育的熏陶，桑弘羊对于经商有着很大的热情，他最崇拜的人就是白圭以及子贡，他们都是成功的商人。然而，桑弘羊并没有继承家业，他在年少的时候就做了官，进入到朝廷中。

桑弘羊在宫中任侍中之职，常伴随汉武帝左右。他经常与汉武帝讨论经商之道和政治经济。汉武帝曾经问过他应该如何来筹措军饷的问题，桑弘羊对于汉武帝提出的问题，给出了十分有效的答案。他认为天下赚钱之道有很多，但是这些赚钱的门路很多都不在皇帝手中，如果将这些门路归于朝廷，那么朝廷的国库就会逐渐充盈。其实，桑弘羊所指的生财之道就是控制国家的盐铁和酒类买卖，由国家来专享买卖的权力，从一些富商的手中将这种经营权收回。这样不仅能够在一定程度上打压豪强，同时也能够填补国库的空虚。

汉武帝对于桑弘羊提出的建议很赞同，于是就任命桑弘羊全权负责盐铁买卖和酒类买卖经营权的回收工作。在这期间，桑弘羊的官职一升再升，最终他走上了自己政治生涯的巅峰。

在汉武帝执政期间，桑弘羊出台了各种经济改革政策。这些政策的出台，使得西汉的国库得到极大的补充，也使得西汉王朝有了稳定的经济收入。

公元前81年，西汉朝廷就盐铁官营的问题进行了讨论，一些贤良文学之士对于盐铁官营的行为很反对，但是桑弘羊却对盐铁官营持肯定的态度。在这场讨论中，虽然贤良文学派打着一切为了百姓的旗号，但是桑弘羊却一一地对贤良文学派的见解进行了反驳。最终，桑弘羊获得了辩论的胜利。

司马迁与《史记》

司马迁出生在一个史官世家，他的父亲当初就奉命修著史书，已经整理了很多相关的材料。但是因为修著史书的工作量实在是太大了，所以，他的父亲在还没有完成这项工程的时候就因为劳累过度去世了。

司马迁为了能够完成父亲的心愿，从小就认真学习各种知识，他还主动到民间去访查，了解到更多的民间故事和历史人物事迹，他的出游足迹已经遍布黄河流域和长江流域。

当司马迁收集完材料之后，就出现了李陵投降的事件。李陵，李广之孙，为人勇猛，精于骑射。汉武帝知道苏武被扣留之后，就派兵攻打匈奴。第二年，李陵被任命为骑都尉，与匈奴作战。李陵在与匈奴作战的过程中，不幸被匈奴大军包围，在走投无路的情况下，李陵率领残兵投降了。

当李陵投降的消息传入朝廷后，汉武帝勃然大怒。朝廷的官员也对李陵的投降行为感到不齿，这时候，只有任太史令的司马迁认为李陵并非是贪生怕死、卖国求荣的人。司马迁极力为李陵辩护，但是他的辩护使汉武帝十分生气。司马迁本来就是李陵的好友，汉武帝对他本就已经有意见，现在见到司马迁百般维护李陵，就将司马迁收监了。司马迁入狱后，负责行刑的官员为了讨汉武帝的欢心，就给司马迁定了"腐刑"，也就是阉割之刑。由于司马迁家里没有钱，他就没有办法用钱来代替刑罚。为了他父亲的遗愿，他又不能自杀，只能忍辱受刑。后来，他对于自己的遭遇也看开了，古时候有很多杰出的人才都遭受过非人的待遇，他要效法这些古人，坚强地活下去。

后来在司马迁受完刑，并且刑满释放后，汉武帝就任命他为中书令。司马迁忍受着所有人鄙视的目光，开始发愤著书，在耗尽无数的心血后，终于完成了一部伟大的著作，它就是《史记》。

《史记》中记录了从我国远古时期开始到汉武帝时期的各种历史事件。司马迁用公正客观的态度，形象生动地记录了各种历史事件和历史人物，这本书在文学史和史学史上有着很高的价值。

巫蛊之祸

汉武帝在位期间有功也有过。其晚年的时候，为了追求长生不老之术，加重了百姓的赋税，使得百姓的生活处于水深火热中，各个地区都出现了流民，农民起义的情况也很严重。

这些隐患的存在使得西汉王朝政权风雨飘摇。在民间隐患还没有清除的时候，西汉朝廷内部又出现了巫蛊之祸。这件事所牵连的皇室成员以及官员的人数达到了一个骇人的程度，巫蛊之祸也是西汉王朝由盛转衰的一个转折点。

一次，汉武帝做梦梦见有木头小人来杀他。当时朝廷中有个叫江充的官员就将这件事情归结为巫蛊之祸。江充认为这是有人利用巫蛊之术来诅咒汉武帝。汉武帝知道后，就命令江充全权处理此事。江充在长安城内大肆抓人，所杀的人不计其数，弄得长安城人心惶惶。

而太子刘据一直都反对江充的行为，这使得江充对他恨之入骨。江充趁着汉武帝到甘泉宫养病的时候，在皇宫中大肆搜捕小人，并且搜到了卫皇后的宫中。他在卫皇后的宫中搜出了他提前就放好的木偶，并且逼迫太子认罪。被逼无奈之下，太子杀了江充等人，控制了长安。

汉武帝听信了谗言，认为太子谋反，就派兵攻打太子，太子最终自杀而亡，卫皇后也最终自杀。巫蛊之祸过后一年，汉武帝让李广利出征匈奴。李广利却要丞相帮助李夫人的儿子登上太子之位，但是丞相过于着急，想利用巫蛊之术，结果被汉武帝察觉。这时，汉武帝还发现了太子案的猫腻，于是追查下去，发现太子案的真相。汉武帝后悔莫及。这时，李广利因为丞相失败，投降了匈奴。汉武帝因为太子案的真相备受打击，又听说了李广利投降的消息，瞬间感到很无助。

公元前 89 年，汉武帝颁布了一个"罪己诏"，向广大的百姓承认自己的错误。同时他废止了大量征收赋税的法令，不再沉迷于长生不老之术，积极发展农业，使得动摇的西汉王朝又逐渐稳定下来。发布"罪己诏"也成为后世君王自我反省的一种方式。

霍光辅政

公元前 87 年，汉武帝去世，汉昭帝继位。汉昭帝继位时年龄较小，霍光——霍去病的兄弟受托辅政。霍光一直教导汉昭帝要体恤百姓，减少百姓的负担，百姓一直都认为他们快要过上好日子了。

当时，霍光的行为损害到了一些贵族阶级的利益，因此他们很想除掉霍光。霍光的女婿上官安一直都想要将自己年仅六岁的女儿嫁给汉昭帝，然后自己做国丈。上官安将自己的想法告诉了霍光，希望霍光能够帮忙。但是霍光对于这件事情却不愿意帮忙。上官安对此很记恨霍光，连带着上官安的父亲上官桀（jié）也对霍光很不满。

后来，上官安又求到了盖长公主的面前，汉昭帝一直将盖长公主当作自己的母亲一样，盖长公主的话他都很听从。上官安将自己的女儿推荐给了盖长公主，希望盖长公主能够让自己的女儿做皇后。盖长公主同意了，于是上官安就成了国丈。

上官桀与上官安有着很大的野心，他们看到汉昭帝年幼，而且很听霍光的话，于是他们就勾结汉昭帝的哥哥刘旦，想要先除掉霍光，然后废掉汉昭帝，由刘旦做皇帝。不久，他们趁霍光外出检阅军队的时候，让一名心腹伪造了一封刘旦的信件，来举报霍光。信中主要是说霍光耀武扬威，自认功高盖主，连皇帝也不放在眼中。

汉昭帝对于这封信只是反复看了看，就没有其他的话了。上官桀很纳闷儿，就找借口去试探了一下，但是汉昭帝没有做出表示。在早朝上，霍光主动请罪，汉昭帝却认为霍光是被人陷害的，所以并没有惩罚他。汉昭帝当时才十四岁，就有如此的眼光和判断力，着实令众大臣佩服。后来，汉昭帝想要破此案，但是一直没有进展。不过，汉昭帝还是怀疑到了上官桀等人的身上，只是苦于没有证据。后来，上官桀又想借盖长公主之力，设宴刺杀霍光，然后将刘旦和汉昭帝都杀了，自己做皇帝。但是他的阴谋策划走漏了消息，霍光知道这件事后，就赶紧通知了汉昭帝，汉昭帝紧急下诏将这场叛乱提前镇压了。

汉昭帝在平乱后，又开始与外族作战，最终平定了楼兰（今新疆若羌罗布泊西北）、匈奴和乌桓，使得西汉迎来了很长一段时间的和平。公元前74年，汉昭帝下令减少人头税，百姓的生活逐渐转好。这时，汉昭帝却突得疾病，不治而亡。

汉朝安定匈奴

汉昭帝没有孩子，他死后霍光与众大臣就商议由刘贺继承皇位。但是刘贺是个十足的昏君，他在位期间做了很多不该做的事。随后，霍光就与众臣将刘贺废了，改立刘询（xún）为皇帝，他就是汉宣帝。汉宣帝初立时，霍光病死。汉宣帝就任命魏相为丞相，任命张安世以及赵充国为重要的武将。

匈奴在汉宣帝时期，一直在进行夺位战。其中一个单于呼韩邪将要获胜的时候，却受到了自己哥哥的沉重打击。他连续吃了多个败仗之后，有人就向他提议向汉朝求援。公元前51年，呼韩邪亲到长安来拜见汉宣帝，汉宣帝也亲自迎接了呼韩邪，并热情款待了他。呼韩邪在长安住了很长时间后，就开始向汉宣帝说明自己的意图。汉宣帝了解到呼韩邪的意图后，答应了他的请求。于是汉宣帝就派了兵帮助呼韩邪，同时还提供给呼韩邪很多的粮草。

而呼韩邪的哥哥怕西汉朝廷帮助呼韩邪，就派了自己的儿子去汉朝求和，其他的西域国家也纷纷到汉朝求和。这使得汉宣帝很高兴。汉宣帝在位时间二十几年，他在位期间，汉朝的实力达到了一个高峰期。

公元前 49 年，汉宣帝去世，汉元帝继位。呼韩邪的哥哥在汉元帝在位期间，杀死了汉朝的使臣，于是汉元帝派兵攻打呼韩邪的哥哥，最终取得了胜利。呼韩邪没有了威胁后，就亲自到长安拜见汉元帝，并提出了和亲的请求。于是汉元帝下令，后宫女子谁愿意嫁到匈奴，谁就是公主。当时有个叫王嫱（qiáng）的宫女报名愿意去，她就是历史上有名的大美女王昭君。

呼韩邪很喜欢王昭君，他发誓不再与汉朝作对，与汉朝世代友好。汉元帝拿出了很多的嫁妆给王昭君，这也使得呼韩邪很高兴。王昭君初到塞外的时候，因为想念家乡所以很不习惯，但是匈奴的人对她都很好，于是她也就渐渐习惯了。自此以后，匈奴与汉朝保持了六七十年的和平。

不久汉元帝去世，汉成帝继位。汉成帝继位后，他的母亲王政君就开始掌权，王氏外戚家族开始总揽朝政大权。

王莽改制称帝

　　王莽是王政君二弟的儿子。王莽由于王家的身份，很快就当上了大司马，开始掌握朝政大权。王莽也很有雄心，他开始广纳贤士，很多有才之人都投奔到他的门下。

　　公元前7年，汉成帝去世，汉哀帝继位。汉哀帝继位后没几年就死了。后来王莽就将年仅九岁的汉平帝推上了皇位。王政君作为太皇太后，垂帘听政，王莽则总揽朝政大权。

　　王莽掌握实权后，很多人就要求太皇太后封王莽为安汉公，并且给王莽封地，但是王莽都没有要。后来王政君就封王莽为太傅，并赐尊号为安汉公，王莽接受了封号，但是没有接受封地。

　　公元2年，中原出现了严重的旱灾以及蝗灾，朝廷不但不减税，还加重了赋税，这使得百姓开始怨声载道，很多地方都出现了叛乱。为了能够平息百姓的怒火，王莽便要求王政君带头省吃俭用，同时他也省吃俭用，拿出自己的钱粮救济百姓。王莽带头救济百姓的行为，使得他的名声更加响亮。

　　后来王莽将自己的女儿嫁给汉平帝为皇后，并且为了防止汉平帝的母族干政，王莽将汉平帝的母亲留在了中山。在王莽成为国丈后，王政君又想要给王莽封地，但是王莽还是推辞了。

这件事后，王莽派人到处去散播自己不接受封地的事情，这使得他在百姓中的威望更高了。后来有大臣提议应该恢复周公旦辅助成王的古制，让王莽代行天子令。自此，王莽就复古改制，做了汉平帝的代言人。

王莽的声望一天高过一天，这令汉平帝对王莽开始心生忌惮，总是在背后说王莽的坏话。王莽知道后很生气，就在给汉平帝祝寿的时候，给汉平帝下了毒，不久汉平帝就死了。汉平帝死后，王莽改立仅有两岁的刘婴为太子。刘家的天下已经快要成为王家的了。

这时的刘崇坐不住了，他与张绍召集了很多的部下去攻打宛城，结果战败死了。后来王莽做了"假皇帝"（假就是代理的意思，假皇帝就是代理黄帝）。在王莽当"假皇帝"的第二年，翟（zhái）义起兵，立刘信为皇帝，打着"铲除王莽，还刘家天下"的旗号，聚集了几十万的大军，想要攻打长安。王莽知道这件事后，觉得自己做"假皇帝"还不如做真皇帝，于是就以天帝的名义登上了皇位。自此，西汉王朝灭亡。

绿林赤眉起义

王莽登上帝位后，一心想要还原古代制度，将大地主以及贵族手中的土地收回到国家的手中，这就触犯了大地主和贵族的根本利益。而农民因为剥削严重，没有任何的工具可以种地，所以，王莽在位期间的农业生产力持续下降。

王莽知道这种情况后，就下旨允许土地进行买卖。他出尔反尔的言行，使得其威信扫地。后来，为了能够重树威信，并且扩大领土，他又派兵攻打匈奴。而这样做却加重了百姓的赋税，百姓因为严重的剥削，都开始奋起反抗，西北边境的百姓是最先起义的。

公元 17 年，王匡与王凤率先起义，他们率领几百农民抢占了绿（lù）林山（今湖北大洪山）。后来，这些人就被称作绿林（泛指聚集山林反抗官府或抢劫财物的集团）好汉。王莽知道这件事后，他想要派兵剿灭叛乱的百姓。但是大臣公孙禄却认为罪在官吏，只要惩办贪污的官吏，并减轻赋税，就能够平息百姓的叛乱。但是王莽没有听他的话，还将他赶了出去，并且调回了攻打匈奴的军队，与绿林军作战。王莽的军队在与绿林军作战中，节节失利，最终被绿林军抢占了两城，劫走了大量的粮食。公元 22 年，绿林山出现了瘟疫，绿林军死了大半的人，后来的绿林军分成了三批人马，占领了不同的城镇。

在绿林军与王莽军队作战的时候，东方出现了一支由吕母带领的起义军。他们打击官府，放走犯人，开仓放粮，名声格外响。

公元 18 年，泰山出现了一支由樊崇领导的起义军，他们的人数也在万人以上，后来又接收了吕母的残留军队，人数更是直线上升。

公元 22 年，王莽派出军队攻打这些起义军，结果都失败了。王莽想要采取逐个击破的办法，但是樊崇联合了其他起义军，并将自己人的眉毛都涂为红色，这就是"赤眉"的来源。

赤眉军在成立之初，就制定了军纪，不得杀伤百姓。这样，赤眉军赢得了百姓的支持，在与王莽军队作战时，获得了最终的胜利。

后来中原发生严重的饥荒，王莽不得不开仓放粮，在层层克扣下，百姓根本得不到粮食。起义的百姓逐渐增多。而很多的起义军中，也混入了汉朝的贵族、地主和豪强。

昆阳之战

刘秀是汉宗室的远房旁支，一心想要复兴汉室。他曾经在太学学习过，后来做粮食生意，成为一个大商人。

一次，刘秀去运粮食，在大街上遇到了自己的好友刘通以及李轶（yì），在这两个好友的鼓动下，刘秀就想要在南阳起兵。刘秀的大哥刘縯（yǎn）帮助刘秀招募了几千人的军队，同时联合了绿林山的三路大军。他们几路大军想要从西边开始进攻，但是却遇到了王莽的军队，最终战败。

后来刘縯又带着刘秀去见了绿林军王常，并签订了盟约，他们的结盟标志着地主武装与农民起义军的结合。

他们的人马一路过关斩将，在连续几场战争后，刘秀联军的人数达到了十万以上。公元23年，刘秀联军立刘玄为皇帝，建元"更始"。绿林军的首领都封官拜将，绿林军也改名为"汉军"。

刘玄登基后，就派王凤、王常以及刘秀进攻昆阳（在今河南叶县）。不久，他们不仅成功地占领昆阳，还平定了周边的定陵（治今河南舞阳东北）以及郾城两座城池。

王莽听说昆阳被占领后，就立刻命令王寻与王邑去夺回昆阳。王莽的军队人数众多，将昆阳团团围住。汉军这时候有些顶不住了，但是刘秀却认为他们要坚持住，否则他们都将完蛋。刘秀一面想办法稳住军心，一面想破敌的策略。

昆阳城中的汉军人数只有不到万人。刘秀知道这点儿兵力无法守住昆阳，于是就连夜带着心腹去调兵。刘秀将定陵和郾城的将士全部都带到了昆阳，以解昆阳之围。刘秀带领先锋部队与王莽军作战，他勇猛地斩杀了多个将官，又带着敢死队冲进王莽军的军营中，使得王莽军的阵营大乱。这时昆阳的汉军也冲了出来，王莽军更是乱成一团。刘秀趁机围困王莽军大将王寻，将其杀死。群龙无首的王莽军更加混乱。

昆阳一战中，汉军大获全胜，王莽军主力被全歼。昆阳之战后，刘玄与刘縯兄弟发生了矛盾，刘玄杀了刘縯。刘秀知道后，为了顾全大局，主动地承认错误，也没有为兄长戴孝，刘玄过意不去，就封刘秀为武信侯。

汉朝重建

昆阳之战后，王莽大势已去，但是他还是不放弃防守长安。王莽手下有个官员名叫王宪，他投降了起义军，并且联合其他豪强一起攻打长安。最终长安被攻破，王莽被杀死。王宪找到了玉玺，于是想要自己做皇帝。

刘玄知道这件事后，很生气，将王宪捉拿了。其实刘玄的心病并不是王宪，而是刘秀。他怕刘秀功高盖主，于是就安排刘秀做很多的事情，不让刘秀进驻到长安来。刘秀在外边吃了很多苦，但是他的军队人数也渐渐地增多。剿灭王莽之后，各地有很多起义军都建立了政权。其中，主要的几支军队包括以刘玄为首的汉军，以樊崇为首的赤眉军，以及以公孙述为首的起义军。

刘秀手下有两员大将，其一就是被称为大树将军的冯异，其二就是刘秀的同学邓禹。公元 25 年，刘秀在这两名心腹的支持下，登基为帝，建元建武。

刘秀登基后，首要的任务就是安排冯异攻打洛阳，然后又派邓禹打击赤眉军。邓禹没有直接去进攻长安，而是等到赤眉军与汉军打到疲倦的时候，坐收渔人之利。很快，刘秀的军队就到达了洛阳，但是洛阳迟迟没有被他打下来。

在刘秀攻打洛阳的时候，刘玄败给了樊崇。刘玄交出玉玺后，刘秀也终于打进了洛阳，刘秀就将洛阳（洛阳在长安东边，因此后汉也叫作东汉）作为自己的都城。自此，东汉时期开始。

赤眉军将长安的粮食都吃完后，就开始向西进军，但是遇到了严重的暴风雪天气，所以又折回了长安。在长安，赤眉军与邓禹的军队相遇，邓禹打了败仗。刘秀急忙安排冯异救援邓禹，并且下令要以招降为主。冯异带着兵马赶到长安，并且设下了埋伏，打了几场胜仗。同时他将自己的手下扮成赤眉军，以乱赤眉军军心。最终赤眉军大败，樊崇带着军队向东逃走。在逃跑的途中，赤眉军遇到了刘秀军队的埋伏，樊崇不得已向他求和。

汉光武帝收服了赤眉军，刘玄也失败了，两支最大的起义军已经被他消灭，刘秀的帝位在一定程度上算是稳定了。

光武中兴

光武帝刘秀登基后，认为百姓才是社稷（"社"指土神，"稷"指谷神，古代君主都祭社稷，后来就用"社稷"代表国家）的根本，因此，他很重视百姓。光武帝看到百姓因为长期的战争而生活困苦时，就下决心要让百姓重新过上安居乐业的生活。他见当时的奴婢没有社会地位，就下令解放奴婢。当时，有个官员杀害了家里的奴婢，光武帝知道这件事后，他就惩办了这个官员，这使得人们知道光武帝执法严格，便不敢再违背光武帝的旨意。

光武帝为了让百姓可以休养生息，便减轻了农民的赋税，废止了很多的苛捐杂税条例，这使得百姓可以安心地进行生产了。东汉在光武帝的统治下，逐渐恢复了生气。公元 30 年，光武帝进一步减轻百姓的赋税，百姓逐渐获得了更多的钱粮，也就更加积极地发展农业生产，这使得东汉朝廷的国库渐渐富裕。

光武帝很注重节俭，他在当了皇帝后，也没有大肆地纳妃，他还控制后宫的人数和用度，在生活上很节俭，后宫的节俭也为国家节省了一笔不小的费用。

光武帝深知官逼民反的道理。因此，他积极整顿吏治，对于贪赃枉法的官员打击力度很大。而且光武帝很注重民间访查，他经常派人到民间去调查，偶尔自己也会微服私访。在光武帝的整治下，东汉官员贪污的风气被有效地制止，很多地方都出现了"官爱民以及民拥官"的现象。

光武帝了解百姓不愿意争战的想法，所以他对于用兵很小心谨慎。匈奴一直都有侵犯中原的野心，但是他们不愿意与东汉朝廷发生直接的冲突，于是就鼓动其他国家来攻击汉朝。当时有个叫卢芳的人，数次进犯汉朝，但是都被光武帝打败了，最终卢芳只能够逃到匈奴躲避。很多大臣都上奏折要光武帝剿灭匈奴，但是光武帝认为国家刚刚复兴，百姓还没有过上好日子，这样会使得百姓失望，所以驳回了众大臣的请求。

光武帝出台的一系列政策都是从百姓的角度出发的，强调了百姓的利益，赢得了百姓的爱戴。光武帝在位期间，汉朝的社会逐渐稳定，后世人称这段时期为"光武中兴"。

不忘糟糠之妻

　　光武帝很重视自己的兄弟姐妹，他有一个姐姐，被封为湖阳公主。湖阳公主的丈夫英年早逝，湖阳公主年纪轻轻便守寡了。对此，光武帝很同情和不忍。于是，光武帝就想要为自己的姐姐重新找一户好人家嫁了。于是他就去询问自己的姐姐有没有意中人。

　　其实，湖阳公主也不愿意守寡，只是她身为一个女人，不好意思开口说要改嫁。而且她也有了自己中意的人选。当光武帝问她的时候，她就知道是什么意思了。湖阳公主毕竟是个女人，不好意思直接开口说要嫁给谁，她只是旁敲侧击地说大司空宋弘为人不错，是个人才。

　　光武帝听出来自己的姐姐很中意宋弘，但是宋弘这个人的脾气光武帝还是很了解的。宋弘为人是很好，但是脾气也很直，并不惧怕权贵，自己不喜欢做的事情，就坚决不会做。虽然光武帝很为难，但是为了自己的姐姐，他还是决心一试。

　　一天，光武帝召见宋弘单独见面，而湖阳公主则躲在屏风后面偷听。光武帝见到宋弘后，迟疑了一段时间，就开口问宋弘有没有另娶妻子的打算。宋弘本身是有原配妻子的，但是他的妻子是个平民，没有显赫的身份，光武帝认为他作为一个大臣应该会想要一个身份显赫的女人做妻子。宋弘听了光武帝的问题后，就猜到光武帝想要把湖阳公主许配给他，但是宋弘却拒绝了。

宋弘认为自己的妻子在自己没有出息的时候，一直陪伴着自己，所以他在富贵之后，也不应该忘记糟糠之妻（贫穷时共患难的妻子），而且他们夫妻生活很幸福，不愿意另娶。宋弘拒绝得很干脆，光武帝也没有办法，他总不能硬让宋弘娶自己的姐姐，那样会很丢人。

宋弘走后，湖阳公主也哭着走了。光武帝看着自己的姐姐如此伤心，就对宋弘很生气。后来，光武帝因为宋弘的拒绝而使自己的姐姐伤心一事耿耿于怀，就随便找了一个借口，将宋弘贬为平民，但是宋弘不抛弃糟糠之妻的事情却广为流传下来。

老当益壮

虽然刘秀建立了东汉，但是朝局依然不稳。中原并没有统一，在成都，还有自立为皇帝的公孙述，而且河西还有窦融没有归降，天水（今甘肃天水）的隗嚣（wěi xiāo）也不安分。

公元 25 年，隗嚣派马援为使臣去与公孙述接洽，公孙述认为马援是个人才，就想要封其为大将军，但是马援拒绝了。马援认为公孙述为人狂妄，不值得深交。

后来马援又去与刘秀联络。刘秀知道马援要来后，就亲自出宫殿迎接，并且还表示了一番歉意，认为马援在两个皇帝之间奔波实属不易。马援感慨刘秀作为一个帝王并没有摆皇帝架子，将来会是个好皇帝。马援认为汉光武帝是个明君，于是就竭力劝隗嚣归降刘秀。但是隗嚣不愿意，反而是窦融归降了刘秀。

公元 30 年，汉光武帝要隗嚣和公孙述归降，公孙述和隗嚣不但不归降，还攻打汉朝。公元 32 年，汉光武帝亲自征讨隗嚣，同时还派军队去攻打蜀地的公孙述。"得陇望蜀"（后指贪得无厌）的成语就是出自这一历史典故。隗嚣被围困了一年多后死了，隗嚣的军队随后投降了刘秀。

公元 36 年，汉光武帝继续派兵攻打公孙述，公孙述战死，其军队最终归降。自此以后，中原实现了统一。

马援在汉光武帝攻打蜀地和隗嚣的战争中立了很多的大功，在匈奴与乌桓进犯汉朝的时候，马援也主动请战。他认为自己是个男人，死也要死在战场上，如果他死了，就让自己的士兵用马革裹着他的尸体将他送回来。"马革裹尸"就是出自这个故事。

公元 35 年，马援升任陇西太守；同年，大败进犯的外族军队。公元 44 年，匈奴进犯东汉，马援主动请缨，抵抗匈奴。

后来，又有外族进犯东汉，马援仍以六十多岁的高龄领兵出战，本来汉光武帝不同意，但是马援表示自己的身体很硬朗，而且还穿上了盔甲到殿前以示自己可以出征。汉光武帝这才勉强同意了他出征。但是这次出征却成为马援的最后一次出征。公元 49 年，马援病死在军中。

"强项令" 董宣

汉光武帝为了能使国家的实力得到提升，就广纳人才。他甚至为了招纳贤士，可以亲自去找人。这使他礼贤下士的名声越来越响亮，投奔汉光武帝的贤士也越来越多。其中最为出名的就是董宣。

董宣是个连皇亲国戚都敢得罪的人。一次，湖阳公主，也就是光武帝的姐姐家的奴仆犯了杀人大罪，董宣不能到公主府中去抓人，于是就日日蹲守在公主府外。有一天公主外出的时候，正好带着这个奴仆，董宣立刻上前抓人。这可惹恼了湖阳公主，但是董宣却责备湖阳公主纵容属下滥杀无辜，当即就把那个奴仆杀了。

湖阳公主认为董宣不尊重她，于是就闹到了汉光武帝那儿。汉光武帝随即将董宣召进宫，董宣看到湖阳公主在这儿，直接就和汉光武帝说，如果汉光武帝听完他说的话，让他死都可以。于是汉光武帝就听完了董宣的话，董宣讲完话后，就撞柱子了。汉光武帝觉得董宣是个刚直的官吏，于是就要求其向湖阳公主赔个不是，这件事就算了，但是董宣宁死也不愿意。就算是被人用手使劲儿压着脑袋，他也梗着脖子，说什么也不肯给湖阳公主磕头赔罪。汉光武帝佩服董宣的勇气，欣赏他的骨气，于是就将他放回了府中。但是汉光武帝的姐姐湖阳公主却依旧不依不饶，仍然要治董宣的罪。汉光武帝却没有听她的话，反而还赏了董宣很多的钱。

其实董宣这样强硬的个性对于汉光武帝治理国家来说有着很大的益处，也能够起到约束贵族的作用。董宣接受汉光武帝的赏赐后，就将所有的钱都赏给了下人。自此以后，董宣铁面无私的名头算是无人不知了。而且大家因为他宁死也不给湖阳公主磕头赔罪，还称他为"强项令"，所谓的强项令就是说董宣是一个硬脖子的洛阳令。

汉光武帝重用董宣，说明他对人才的渴求和重视。公元 57 年，汉光武帝去世，去世时六十三岁，其在位时间为三十三年。刘秀死后，其儿子刘庄继位，即汉明帝。

汉明帝求佛法

汉明帝继位后不久，皇太后就死了，皇太后生前，汉明帝很依赖她，皇太后一死，汉明帝仿佛没有了主心骨，整天失魂落魄的。后来有一天晚上，汉明帝梦到了一个头上冒着光的金人站在宫殿中。汉明帝想要问这个人从哪儿来的时候，这个人就消失了。汉明帝梦醒之后，就向大臣们请教这个梦是怎么回事。大家讨论后，认为梦中的金人可能是西方的佛。

西方的神明就是佛，而且他们供奉的就是金人，这些金人都是从天竺传入中土的。于是汉明帝就派遣蔡愔（yīn）和秦景到天竺去求取佛经。当时的天竺也叫作身毒。公元前 565 年，释迦牟尼（释迦牟尼出生在尼泊尔，现在的尼泊尔和印度在古时候总称为天竺或者身毒）降生。他本来是一个国家的王子，由于看到本国的百姓受了很多的苦，于是认为人生本就是苦痛的。他想要摆脱这种人生的苦痛，便到深山中去静修。最终，他创立了佛教。

天竺当时实行的是奴隶制，很多人都处于苦痛之中。人们听说了佛教的宗旨后，都开始信奉佛教，释迦牟尼的弟子还将释迦牟尼的话记录下来，编成佛经。汉明帝派遣的秦景以及蔡愔在长途跋涉后，终于来到了天竺国。在天竺国，他们受到了热烈的欢迎，他们还认识了很多当地文字和语言，从而读懂了很多佛经。秦景和蔡愔邀请天竺国的佛教徒到中原去讲解佛经，这些佛教徒欣然接受了邀请。

这些佛教徒用白马驮着佛经来到洛阳。秦景和蔡愔将得到的佛经呈献给汉明帝，汉明帝还召见了两名佛教徒，并向他们请教佛经。次年，汉明帝还让人修建了一座寺庙，让佛教徒们传授佛经。那匹驮佛经的白马也供养在寺中，寺名称作白马寺。

汉明帝以及大臣们由于听不懂佛经，对佛教并不是很看重。但是楚王刘英却很看重佛教，还专门抄了佛经并拿了佛像供奉，还扬言说依据佛祖的指示，他应该做皇帝。最终这话被汉明帝知道了，他就废了刘英，刘英也自杀了。出了这件事后，很多儒生就开始借机反对佛教，而提倡儒学，汉明帝也听从了这些儒生的建议，开办太学，讲授儒家经典。

太学中有很多的文人雅士，但其中也有一位投笔从戎的人，他就是班超。

班超投笔从戎

汉明帝在位期间，匈奴又开始攻打东汉。班超认为身为男子就应该投军报效国家，于是就扔了笔杆子投军去了。"投笔从戎"就是出自这一典故。

班超是大学问家班彪的二儿子。汉光武帝在位期间任命班彪掌管史籍，班彪的大儿子班固做过兰台令史（兰台是汉宫藏书的地方，兰台令史就是在那里整理图书、编写历史的官员），专门负责编写史籍。班超也曾担任过兰台令史，但是后来从军了。

公元 73 年，班超带着很少的随从来见鄯善（也就是楼兰，在今新疆境内）王，准备联合他与匈奴对抗。这时候的鄯善王还是与匈奴联合的，但是他也受到匈奴的不公平待遇。班超的到来使得鄯善王动摇了与匈奴的联盟关系，但是因为惧怕匈奴，所以还在摇摆不定。班超来见鄯善王的同时，匈奴的使臣也来见鄯善王。班超知道这件事后，就秘密地和自己的随从商议着杀了匈奴的使臣，逼鄯善王与汉朝合作。

于是到了晚间，班超就带着自己的随从闯到了匈奴使臣的住处，

点燃了匈奴使臣的帐篷，杀了匈奴的使臣。天亮后，班超等人又返回
了自己的住处。鄯善王知道匈奴使臣被杀后，就很害怕，于是同意了
与汉朝合作。鄯善王还安排他的儿子到中原去学习汉朝的文化。班超
回到洛阳后，汉明帝很欣赏班超，就论功行赏，同时又安排他去与于
阗（tián，在今新疆和田一带）交涉。

班超又带着同样的人马来找于阗王。于阗王因为听说过班超的大
名，于是早早地就等候着班超。班超来到的时候，匈奴的使臣正好也
在于阗，于阗王无法做出到底倾向于谁的判断，就想要请巫师来占卜
一下。

班超知道这个巫师有问题，于是就找借口将巫师骗到自己的面
前，并将他杀了。拿着巫师的人头，班超将利害关系讲给于阗王听，
于阗王最终同意与汉朝联合，同时也将自己的儿子派到中原学习汉朝
文化。后来，其他很多西域国家都纷纷与汉朝结交，汉朝外交又恢复
了张骞时期的繁盛。

公元 75 年，汉明帝去世，汉章帝继位。汉章帝在位期间，班超
主动请命留在西域，帮助西域各国抵御匈奴。公元 102 年，班超返回
汉朝，同年病逝，享年七十一岁。

王充主张无神论

东汉时期，有一位宣扬无神论的名家，他就是王充。王充自小家境清贫，很多时候都无法吃饱穿暖。由于家境贫寒，他没有办法上学，但是他很爱读书，就想办法向别人借书来读。有一次，他路过一个书坊，就在那里开始忘我地读书。天黑后，老板问他是否要买书，王充回答并不买，只是想看，老板就说如果他能够背出书里的内容，就将他看的书送给他，如果他背不出来，就不能再到这儿来看书。王充答应了老板的要求，并将自己所看的书都背了出来。老板对于王充的记忆力很惊讶，于是就想要考考他，便问了他一个关于孔子的问题，王充对答如流。

后来老板又说了一些天人感应的理论观念来考王充，王充却认为天人感应的理念并不合理，这些观念也不正确，他认为天就是所谓的自然，并不是人们说的神。天是没有五官的，与地并不相同，天也不是气体，因为它与云也不相同。天没有五官，就说明它应该是没有感觉和欲望的，这样的天自然就不会有意志一说，它也就不会辨别是非对错，自然就不会有赏有罚。

王充的观点很新颖，老板认为王充这个人十分聪明，于是与他谈论了很长时间。在老板的印象中，王充将来会是个有出息的人。

入仕后的王充也做过很多官职，他在做官期间一直坚信无神论，并且也宣扬自己的无神论，还积极地与别人进行讨论。很多人认为天会保佑好人，也会惩罚恶人。但是王充却认为，如果天能够惩罚恶人，那么恶人为什么还有活得很好的；如果天会保佑好人，为什么还有好人死得很早？

很多人都说人死后会成为鬼魂，他们是有感知的，会化作厉鬼向仇家报仇。但是王充却认为人在死后就完全没有了思想和感情，是无法变成鬼魂的，更不要说报仇了。人在活着的时候，睡觉时都会出现没有感知的情况，更何况人死后完全闭上了眼睛，更不可能有感知，人死后会化作鬼魂，完全就是无稽之谈。

王充后来将自己的无神论思想写到一本书中，这本书就是《论衡》。

王景治理黄河

东汉时期出现了一位有名的水利专家，他就是王景。他做出的最主要贡献就是治理了黄河。王景在年轻时就读过很多书，有着丰富的知识底蕴，他对于水利方面的知识最感兴趣。后来，王景与王吴一起合作，研究出了治理浚（xùn）仪渠（在今河南开封）的办法。他们利用较为先进的施工方式，成功治理了很多地区的水患。

在西汉平帝时期，黄河就出现了严重的决堤情况。汴渠（即汴水）被严重毁坏，下游的百姓常常面临着严重的水患威胁，而且这种情况持续了六十多年。东汉明帝刘庄在位期间，因为黄河决堤的事情很头痛，就想要治理黄河水患以及重修汴渠。

公元 69 年，汉明帝下诏给王景，命令王景想出办法来治理黄河水患。随后，王景针对当地的情况做了一个调查，并且制订出切实可行的方案。汉明帝听过王景的介绍后，就任命他为主要的工程师，与王吴一起治理黄河水患，并重修汴渠。

但是面对这样大的工程，很多大臣都持反对的态度，他们认为只要还原黄河故道就可以了，不需要再花费力气重新修建汴渠。王景对这些大臣的反对意见都进行了反驳，汉明帝也很支持王景。后来王景就带着大批民工来到黄河流域，他们先进行了河道的疏通工作，然后才开始修建汴渠。

这项工程开始后，王景日夜监督工程的质量，与民工们住在一起，还亲自干活，希望工程质量得到保障。他还利用当时可能利用到的一切技术手段，将横沟堵住，并且加强堤坝的强度，疏通淤塞的汴渠，使黄河和汴渠都得到了有效的治理。

王景在汴口（今河南开封北）位置处采取了十里设立一个水门的方式，进行黄河水的疏通，实现了黄河水的分流，降低了汴口出现问题的概率。由于王景的治理，此后的八九百年时间里，黄河都没有出现过改道的情况。

过了很长的时间，所有的工程都顺利完工，当地的农业生产也迅速得到恢复。汉明帝知道后很高兴，就亲自到当地视察，并且对这次工程的参与者论功行赏。公元72年，王景被任命为河堤谒者。

后来，王景做了庐江（今安徽庐江西南）太守，在当地兴修了很多水利工程，大力发展农业和养蚕业，使当地的生产力水平得到了提升。

许慎与《说文解字》

东汉时期有个很著名的文学家，他就是许慎（shèn），他的主要成就是编著了《说文解字》，这是中国第一本字书。

公元121年，许慎的儿子许冲带着奴仆，将父亲编著的《说文解字》进献给皇帝。因为这本书与当时的东汉政治也有着一定的关系，他的父亲为了编著这本书而病倒了，所以他必须要将这本书带到洛阳，交给皇帝；同时利用这本书，使东汉的经学体系（以儒家《诗》《书》《礼》《易》《乐》《春秋》六经为核心的思想体系）得到进一步的完善。

许慎的老师名叫贾逵，他认为目前东汉的经学并不完整，当年秦始皇焚书坑儒，烧毁了很多书籍，加上董仲舒的"罢黜百家，独尊儒术"，使得很多人对六经的解释出现错误的情况。许慎也曾经问过自己的老师是否能够找到全部的原版经书，他的老师回答他，只有从语言以及文字等方面入手，才能够恢复原有的经书。听了老师的话后，许慎就开始专心地研究文字和语言学。

许慎做了祭酒（主管教育的官员）后，就开始写书，当时他写了一本叫《五经异义》的书，这本书使他声名大噪。他的老师也为许慎所取得的成就高兴，但是他的老师又怕许慎过于自满而耽误了自己，所以他的老师就用严厉的语气告诫他日后应该继续努力，才能够真正实现经学的发展。

许慎很尊重自己的老师，也很听老师的话，所以他在编著完《五经异义》后，又开始编著字书。他和自己的老师谈论了很多关于文字方面的知识，还了解各种不同文字的字义、字形和字音。同时他也涉猎各个方面的知识，以丰富他的素材。

许慎编写字书的事情得到了很多学者的支持，他们还找了很多的古籍来帮助许慎著书。就连皇帝都关注着这件事，许慎在得到人们的支持后，就辞官回家专心著书。后来，他终于完成了《说文解字》这本书。

许冲将《说文解字》带到洛阳后，很多学者都纷纷到府上借书，汉安帝也召见了许冲，并且阅读了这本书。

《说文解字》有着巨大的文学价值，受到了当时学者和朝廷的极大重视。

蔡伦改进造纸术

　　在纸出现以前，人们最初都是用龟壳或者兽骨来写字的。后来，人们又将文字记录在青铜器上，但是这样的文字记录并不能够满足生产力发展的需求。于是，人们在有了刀笔后，又开始将字刻在竹简上，用来进行信息的传递。但是竹简毕竟太重，不适合携带，于是人们又将字写在绢帛上。然而，绢帛的价格过高，普通人根本用不起，所以，并不适合普及。

　　秦汉时期，人们都是以竹简和绢帛并用的方式来进行文字的书写，但是这样的方式有很多弊端。后来到了西汉时期，就出现了纸，这种纸是用麻制造的。纸质很粗糙，记录文字很不方便。直到东汉时期，蔡伦对造纸术进行了改进，才研发出了适合写字的纸。

　　蔡伦出生于贫苦之家，他很小的时候，因为家里实在太穷，就被父母送进宫当了宦官。做宦官的日子虽然不用挨饿，但是也处处受人的欺负。蔡伦为了能够生存下去，就开始极力地讨好皇上，并逐渐得到了皇上的信任。蔡伦很聪明，也很善于创造，他看见人们用的竹简太过笨拙，而且麻纸又太粗糙，于是就想发明一种更好的纸用来写字。

公元 105 年，蔡伦在回家探亲的时候，将自己的想法和家人说了一下。他还要做很多实验，以发明出一种更适合书写的纸。父母都很支持他，还为他找了很多破衣服做实验。蔡伦做了很多的实验，但是结果都不尽如人意。后来有一次，他的父母找来一些很脏的衣服，这些衣服上还沾有石灰面。蔡伦也没时间清理这些石灰面，就直接用这些衣服来进行捣浆实验，结果这些衣服捣出来的浆液又黏稠又白皙，蔡伦将这些浆晒成纸后发现，这些纸不仅薄，而且非常细滑和干净，十分适合写字。蔡伦意识到之所以会出现这样的情况，应该是因为石灰面。

于是他又做了很多的对比实验，证明了他的猜想。蔡伦拿着他改进的纸到处炫耀，十分开心。后来，蔡伦又对这种纸进行了改进，他开始用树皮、麻头、破布、旧渔网来进行造纸。获得成功后，蔡伦就将这种新的造纸术献给了皇上。新纸逐渐在全国范围甚至全世界范围流行起来。蔡伦对造纸术的改进，极大地推动了人类文明的发展。

张衡发明地动仪

东汉时期出现了一个伟大的科学家，他就是张衡。张衡自小就很喜欢学习，而且对于天文有着很大的兴趣，他在数学以及天文方面有着很高的天赋。张衡虽然很聪明，也饱读诗书，但是他没有当官，而是到处游山玩水，收集各种古籍资料。

中年后的张衡名气越来越大，这时候汉安帝专门派人去将张衡请到了京城中，让他做了郎中（管理车、骑、门户的官员）。公元115年，张衡又被任命为太史令，他专门负责观察星象以及研究数学、历法。这样的官位最适合张衡，张衡也将所有的心思都花在了天文研究上。张衡通过观察星象，总结出星星的运动是严格依照一定的规律展开的。

他边观察星象，边制作出了一个天体模型，这个模型就是浑天仪。浑天仪主要是由铜制成的，上面刻有刻度，还有每个星星的运动轨迹，利用水力转动。公元117年，浑天仪被正式地应用。后来，张衡又设计了候风地动仪。东汉时期的地震发生较为频繁，洛阳一带出现地震的次数很多，严重威胁着人们的生命安全。当时人们对于地震

地动仪

的了解不多，尤其当时的人封建，多是祈求神明保佑。

张衡了解到这件事后，就开始观察和记录地震的发生情况与次数，收集各种与地震有关的资料。他着重研究地震的原因，并且想要制造出能够测报地震的仪器。张衡左思右想，最终找出利用地震的瞬时震动来测报地震的方法。于是他依据这一思想，开始日夜不停地进行地动仪草图的绘制。起先，张衡使用木头来做模型，后来改为铜制。

公元 132 年，张衡终于研制出了地动仪，它也是世界上最早的地震测报仪器。张衡将这个地动仪命名为候风地动仪。这个候风地动仪分为八个方位，每个方位都有一条龙，龙嘴里有一个铜球，龙嘴的下面有一个张着嘴的蛤蟆，当地震发生时，相应方位上的龙嘴里的铜球就会落入下面蛤蟆的嘴里。

公元 138 年，这个候风地动仪派上了用场，它准确地测报出了西北方向出现的地震。张衡在我国历史上，不仅取得了较高的科学成就，同时也有着较高的文学成就，他作的《归田赋》以及《四愁诗》等，对我国五言诗以及七言诗的发展有着极大的影响。

梁冀掌权

公元 144 年，顺帝去世，这时的东汉朝廷由梁皇后掌权。而梁皇后的哥哥梁冀手握军政大权，他不想让权力外流，就选择立幼小的孩子做皇帝。第一个皇帝为冲帝，冲帝继位的时候只有两岁，他继位后六个月便去世了。梁冀又选择了刘缵（zuǎn）继位，他就是质帝。质帝到了八岁的时候，对于梁冀的霸道很不满，就在朝堂上指着梁冀说他是个跋扈（hù）的将军。

梁冀为此很生气，就用毒药将质帝毒死了。这时候，太尉李固觉得让小孩子做皇帝不好，就联合他人上书要求将刘蒜拥立为皇帝。但是梁冀没有听，还让梁太后，也就是他的妹妹将李固免职了。随后第三个皇帝刘志就继位了，刘志继位时已经十五岁了，他就是汉桓帝。梁太后和梁冀的小妹妹年龄与汉桓帝相仿，于是就做了汉桓帝的皇后。在妹妹出嫁的时候，梁冀坚持要皇帝拿最贵的聘礼去迎娶妹妹，但是被当时的太尉杜乔制止了。后来，梁太后就找了一个借口将杜乔也免职了。李固紧接着被逮捕。

李固的弟子们听说自己的老师被捕后，都纷纷上书要求释放李固。梁太后也觉得事情不能做得太过分，于是就放了李固。李固被放出来后，百姓纷纷拍手叫好。由于李固的名望太高，梁冀觉得他始终是个威胁，就想要除掉他。梁冀就又找了个借口将李固抓了，同时还抓了杜乔，两个人都在监狱中被逼死。

公元 150 年，梁太后病逝，梁冀依然掌权。后来冀州百姓因为饥荒要造反的时候，梁冀将其眼中钉朱穆派到了冀州。朱穆做官刚正不阿，到了冀州后，就开始整顿官场的风气，并且惩办了宦官赵忠。但是赵忠在京城很有人脉，就诬陷朱穆，最终朱穆被送进了监狱。

这时候的太学生都不愿意了，他们开始要求汉桓帝放人，汉桓帝不得已放了朱穆。但是太学生还要求汉桓帝能够亲贤臣远小人，然而这事汉桓帝却无法做主。后来汉桓帝因为梁皇后死了，就开始宠幸梁贵人（原姓邓），梁冀不满，就想杀了梁贵人的母亲泄愤。最终事情败露，汉桓帝很生气，就联合宦官，令他们包围了梁冀的住宅，杀死了梁冀。梁的家人也全部被判了刑，朝廷的官员也进行了大换血。

宦官残害党人

东汉时期的两个集团分别是外戚和宦官，它们一直处于较劲儿的状态。而在后来又出现了一个集团，这个集团都是读书人。这三个集团可以说是一种极端对立的状态。汉桓帝对于读书人造反有着很深的感触，在听说太学生对其议论纷纷时，便委任李膺为司隶校尉，同时让陈蕃做了太尉。自此太学生又开始议论这些人的人品，并尊称他们为君子。

君子的对立面就是小人，这样的讨论也在暗讽宦官。宦官们知道这件事后，就污蔑读书人，还将这些读书人叫作"党人"。党人是不拉帮结派的，既然有派别，那么就不是党人。自此，宦官与党人的斗争又上升到一个新阶段。

宦官张让的弟弟张朔被告发罪行，张朔害怕李膺，就逃到了自己哥哥的家里。李膺知道后，就带着人到张让的家中将张朔抓了出来。张让急忙找人托关系说情，但是张朔还是死了。张让很生气，就找汉桓帝哭诉。但是张朔已经认罪，汉桓帝也不能徇私枉法。

张成是个方士，他喜欢结交宦官。他无意中听说皇帝要大赦天下了，于是就让自己的儿子去杀人，结果第二天确实大赦天下了。张成就吹嘘自己有未卜先知的能力，即使自己儿子杀了人也会没事。这件事被李膺知道后，他就杀了张成的儿子。张成就想让宦官帮他报仇。他找到宦官侯览以及张让，他们就让张成去告发李膺结党营私，然后伪造了一份党人的名单上交给汉桓帝。

汉桓帝早就恨透了这些读书人，得到这份名单后，就想将这些人都抓了。但陈蕃却不愿意这样做，汉恒帝就将他和名单上的人都抓了。李膺进监狱后，就说宦官中很多人是自己的同党，宦官没办法只能够放人。但是这些人却被"禁锢"了，不能再做官。这次事件被称为"党锢之祸"。

汉桓帝死后，汉灵帝继位，窦太后掌权，窦家开始上位，窦家又将党人重新召回了朝廷。陈蕃想要除掉宦官，但是窦太后却下不了决心。最终陈蕃被宦官陷害致死，窦太后也被宦官逼着交出了权力，"党锢之祸"波及范围逐渐扩大。

范滂叩别慈母

　　虽然陈蕃死了，但是李膺以及杜密还活着，他们的名声很大，宦官很忌惮他们，就想要害死他们。于是宦官就请求汉灵帝下旨捉拿党人，还用话吓唬汉灵帝，让汉灵帝认为党人是坏人。于是汉灵帝就下诏抓了很多党人，李膺因此死在了牢狱中，杜密则自杀了。

　　被抓的党人中，有一个叫作范滂（ pāng ）的人。他自小饱读诗书，做官也是一个清官。公元 166 年，他就与李膺等人一起进过监狱，后来也被"禁锢"了。汉灵帝又下诏逮捕党人后，范滂反而自己投案了。他没有跑首先是因为不想连累朋友和母亲，其次也是为了突显自己的骨气。

　　范滂被抓进监狱的时候已经三十三岁了，他的母亲已经步入了晚年，她很知礼数，也通情达理。范滂进入监狱后，她就去探视范滂。范滂觉得很对不起自己的母亲，不能够在她身边尽孝。但是他的母亲却以他为骄傲，认为自己的儿子很有骨气。

　　范滂教育自己的孩子不要做坏事，可是他一生都没有做过坏事，却还是招来了杀身之祸，他在监狱中就抱着自己的母亲痛哭。

　　像范滂这样投案自首的人虽然有，但是不愿意进监狱的也有。张俭与宦官侯览可以说是一对十足的对头，张俭在知道宦官又要抓党人的时候，就逃跑了。侯览一直都想要抓张俭，还将与张俭有关的人都抓了。当时有个名叫孔褒（bāo）的人，他因为张俭在他家住过，而遭了祸。当时张俭来投奔，孔褒不在，十六岁的弟弟孔融就收留了张俭。孔融就是"孔融让梨"中的那个小孩。后来这件事被人知道了，张俭倒是逃走了，但是孔家的人都被抓了。最终孔褒被判罪，然而孔融却要求代哥哥受罚，因为此事，孔融名声大震。

　　有人认为张俭这种拼命逃跑的办法行不通，于是张俭就改名换姓，还改变容貌，在别人家做奴仆，以逃过宦官的追捕。两次的"党锢之祸"后，东汉朝廷几乎已经没有正直的官员存在了，朝政全部都由宦官把持。

"医圣"张仲景

东汉末年，外戚与宦官的斗争进入到白热化的阶段，农民因为长期的压迫，都纷纷起义。由于战乱，瘟疫频发，很多人都死于瘟疫。张仲景是南阳郡（治今河南南阳）人，他的家乡也发生了严重的瘟疫，他的家族中人也染上了瘟疫，本来二百多口人，在瘟疫过后就死了一百五十多人。张仲景亲眼见证了这一惨剧，所以，他发誓要学好医术，以对抗瘟疫。

从此以后，张仲景刻苦研究医术，他阅读了很多古时候的医学著作，还在民间收集各种药方，博采众长（广泛地采纳各家的长处），不断地进行临床试验，以丰富自己的医学知识。在十几年的辛苦钻研后，他写出了《伤寒杂病论》这一具有巨大临床医学价值的医书。

《伤寒杂病论》可以说是我国第一本包含理、法、方、药的医书，而且该医书中不仅有理论研究还有临床试验，涉及的临床知识有很多。后来张仲景辞官回到家乡，看到天寒地冻中人们还在奔波，很多人都冻伤了，于是他就在家门前设了一个棚子，免费为穷人看病。

张仲景不仅给穷人看病，而且还想办法用药材和肉炖药膳汤，因为这个药膳汤中含有娇耳，所以这个汤也被称作"祛寒娇耳汤"。大家吃了这个汤之后，都感觉到自己的身体不再寒冷了，有效地治好了冻伤。后来张仲景每年冬天都为穷人免费治病，渐渐地娇耳也被人们普及，后来娇耳演变成了今天的饺子。

张仲景对于病人的病情有着很细致的观察。有个病人叫王粲（càn），他二十岁就得了一种病，但是他没有感觉。张仲景看出他生了病，就要求他喝药。但是王粲却认为张仲景的话不靠谱，于是没有服药。在其四十岁的时候，他病发了，连眉毛都掉光了。

还有一个病人因为发热而造成了大便干燥，必须要用药将大便排出，但是强行用泻药，病人的身体受不了，于是张仲景就将蜂蜜煮成黏稠块状物，并且将其做成一头尖细的长条，塞入病人的肛门中，帮助病人排出了粪便。这个方法就是我国最早的药物灌肠法。

张仲景因为医术了得，被人们尊为"医圣"。

黄巾军起义

东汉在宦官的长期执政下，国库渐渐空虚，此时汉灵帝还是不知道节制，居然还想出了卖官的主意来获取钱财。想要买官的都是为了剥削百姓、让自己享乐的人，这使得百姓的生活更加困苦。在长期的压迫下，各地都出现了起义的情况。

许生是最先起义的，他本是会稽人，后来在句章（治今浙江余姚东南）起兵造反。他起义后，很多的农民都加入了他的行列，他的起义军人数一下子就增长为一万人以上，但是他们的起义还是被官兵镇压了，许生也被杀了。然而，农民起义的情况却没有多大改变。在巨鹿（今河北平乡西南）也出现了起义军，这支起义军是由张角、张宝以及张梁所领导的。其中张角懂得医术，还免费给穷人看病，他甚至还创办了一个教派，就是太平道。他收了很多的弟子，并且积极地宣扬自己的教派。张角带着人到处去救助苦难的百姓，其名声逐渐响亮。由于他的医术很精湛，到他那儿去求医的人也渐渐增多。

当时，太平道在全国范围内都设立了分坛，教众也达到了几十万人。官员们认为张角这些人只是给人看病的，所以对他们的防备不深。但张角其实是借着设教来实施造反的计划，在他认为时机已经成熟的时候，就宣布起义。他的起义军有一个口号，就是"苍天（指东汉王朝）已死，黄天（指太平道）当立；岁在甲子，天下大吉"。而张角在准备起义的时候，却被自己的手下背叛了，他的下属中有一个叫唐周的人向朝廷揭发了张角，汉灵帝紧急下旨捉拿张角。张角被迫提前起义。

公元184年，张角发动了起义。全国响应的起义军达到了几十万人，他们都佩戴着黄头巾作为标志，所以这支起义军也被称作"黄巾军"。

黄巾军攻占了很多郡县，而且杀了很多官吏，抢夺了很多金银财宝。同时，他们还开仓放粮，救助百姓。汉灵帝就派大将军何进去剿灭黄巾军。

虽然黄巾军开始的时候处处得利，但是在何进联合其他官兵来讨伐的时候，黄巾军也渐渐抵挡不住了，最终张角因为疲劳过度而死。张角死后，黄巾军就没有了领头人，最终，黄巾军也被朝廷镇压。虽然黄巾军起义失败了，但是也使得东汉朝廷备受打击，这时候的东汉朝廷其实已经名存实亡了。

三国乱世

王允设计杀董卓

公元 189 年，刘辩登位，何太后掌权。大将军何进想要秘密地铲除宦官，但是这个消息却走漏了风声，最终何进也被宦官所杀。

在黄巾军起义后，董卓负责进行镇压，其借助这个机会掌管了军队实权，野心也逐渐增大。其与何进本身就是一伙的，在何进要求其进宫的时候，董卓觉得机会来了，就将军队驻扎在洛阳城外，随时等候他的命令占领洛阳城。后来，董卓真的就废除了刘辩，另立了汉献帝，自己做了国相，手掌国家大权。董卓这个人本身就不会治理国家，而且其生性残暴，做了很多残害百姓的事情。董卓在洛阳城执政期间，弄得洛阳城每个人都惶恐不安，大家都是度日如年。后来，很多的军队都开始讨伐董卓，于是董卓就将洛阳城烧了，自己带着汉献帝到了别的城居住。

当时的司徒王允对董卓很不满，其立志要将董卓铲除。王允有个义女名叫貂蝉，长得十分美艳，她看到义父每天都愁眉不展，于是就想要帮义父排忧解难。王允看到貂蝉就想到了一个"连环美人计"。他想要离间董卓的义子吕布与董卓的关系，于是他就邀请吕布到家中做客，还让貂蝉伺候吕布。吕布对貂蝉很喜欢，并且要娶貂蝉，王允满口答应。

后来，王允又把貂蝉介绍给董卓，董卓对貂蝉也很喜欢，于是就将貂蝉接到了府中。吕布还等着娶貂蝉，但是一直也没有听到消息，于是就到王允府中去询问缘由。这时候吕布才知道貂蝉已经被董卓"抢"走了，这使得吕布十分不满。

一次，吕布趁着董卓上朝的时候，偷偷去见貂蝉，貂蝉见到吕布后就使劲哭，并且诉苦。吕布这时候就发誓要将貂蝉抢回去。董卓恰好回来，见到两人卿卿我我，于是就要杀了吕布，但是被吕布逃脱了。

后来，吕布也不顾父子之情，与王允商讨要杀了董卓。一次，王允假借奉诏之名，将董卓召回了长安，董卓毫不怀疑，带着士兵就进了宫门。董卓一进宫门后就被围堵，他被刺了很多下，最后死了。董卓死后被万人唾弃，暴尸街头，百姓都拍手叫好。

迁都许都

　　董卓死后，各方势力都想要发展壮大，于是都在疯抢地盘。其中，曹操更是控制了汉献帝，以扶持汉室的名义来壮大自己的势力。

　　曹操是曹嵩的儿子，而曹嵩是当时东汉宦官的义子，曹操家很有权势。曹操早年行为放浪，加上其父亲是宦官的义子，因此，很多人都看不起他。但是也有人认为他是个人才，这个人就是乔玄。乔玄曾说过，在东汉乱世中，能够安定天下的人，非曹操莫属。曹操听了这话，只是一笑了之。

　　黄巾军起义后，他被任命为骑都尉，后来因为打败了黄巾军，又被提升为骁骑校尉。在董卓的所作所为越来越过分的时候，曹操便聚集了自己的军队，与袁绍去攻打董卓。但是在洛阳城郊的时候，只有曹操领兵去追击董卓，因为与董卓的兵马人数有着较大的差距，曹操输了。曹操返回洛阳后，看到同盟的人只知道吃喝玩乐，就觉得自己无法和他们共事，于是就回到了兖（yǎn）州（地名，在山东）。回到兖州后，他先后战胜了吕布和陶谦，扩充了自己的势力。

　　董卓死后，公元 195 年，汉献帝不得已又回到了洛阳，但是洛阳城已经成了一片废墟，众大臣没有饭吃，很多都饿死了。汉献帝代表的是汉室王朝，谁控制他就可以名正言顺地行天子号令。曹操知道汉献帝的处境后，就想到洛阳去接汉献帝。曹操的很多属下都反对，只有荀彧（yù）认为这是获得民心的有效方法，很支持曹操这样做。于是曹操就时常为汉献帝送东西，后来，曹操更是派曹洪去接汉献帝，想让汉献帝到许都（今河南许昌）来，但是却被汉献帝的岳父董承阻止了。曹操不得已，只能够亲自前去。

公元196年，曹操成功带着汉献帝迁都许都。但是本身离洛阳最近的杨奉却不干了，他以为汉献帝会到自己的地盘来，得知曹操将汉献帝接走后，就派大将徐晃去拦截。徐晃与曹军大将许褚（chǔ）碰到，两人打得难舍难分。后来，曹操派使者去劝服了徐晃，将徐晃纳入了麾下。

汉献帝到了许都之后，曹操就忙前忙后，终于将许都稳定了下来。而挟天子以令诸侯的曹操也借此扩大了自己的势力，为其子建立魏国打下了基础。

桃园三结义

东汉末年，百姓可以说是生活在水深火热中，各地都出现了农民起义的情况。张角与他的兄弟也招兵买马，最终起义，他们的军队号称"黄巾军"。张角的军队足足有几十万人，声势浩大，令东汉朝廷震惊。

后来，黄巾军开始进攻幽州，在幽州镇守的太守与邹靖紧急商议应对策略。他们现在的实力根本无法与黄巾军抗衡，为了能够保住幽州，邹靖就建议太守发出榜文，召集兵士。幽州的太守认为邹靖的主意不错，就立刻下发了榜文。

榜文下发到涿（zhuō）县的时候，引出了三国时期一个非常有名的英雄，他就是刘备。刘备，字玄德。其自小家境贫困，虽然是汉朝宗室，但是因为父亲去世早，所以家里没有了经济来源，他只能够以卖草鞋等编织物为生。

后来，刘备在进城做买卖的时候看到了榜文，他也只是叹了一口气。这时候在他的身后有人说他不为国家效力，却在这儿叹气有什么用？刘备听了这话急忙回头找说话的人，他看到一个满脸络腮胡子的大汉，这个人就是张飞。张飞当时就是一个以卖酒及宰牲口为生的小贩。张飞与刘备很快熟悉了，张飞还愿意拿自己的钱给刘备，两人一起做一番大事业。

刘备与张飞在酒家谈话的时候，遇到了一个人，这个人的脸很红，而且非常威武。刘备很看好这个人，就邀请他一起喝酒，这个人就是关羽。关羽因为杀了家乡的恶霸，不得已逃到了这里，刘备与张飞很敬佩关羽，三人谈得很开心。

喝完酒后，他们一同来到了张飞的住处，在张飞的庄子后，有一个桃园，当时桃花开得很灿烂，于是三人就有了在桃园中结拜的想法。第二日，三人来到桃园中，焚香祷告，并且宣布结为异姓兄弟。按照年岁，刘备为老大，关羽为老二，张飞则为三弟。

桃园三结义后，张飞与关羽就跟着刘备一起开创事业，最终，刘备在蜀地称帝，张飞与关羽为其登位立了很多的功劳。关羽因为武艺高强，被称为"武圣"，而张飞则被人称为"万人敌"。

曹操煮酒论英雄

　　刘备本是汉朝宗室，但是其自小没了父亲，于是就只能够与母亲相依为命。刘备自小就将心事藏得很深，不会将情绪表现在脸上。他很愿意结交侠义之士，而且他为人豪爽和讲义气，很多有才之人都愿意与他交往。后期他在别人的捐助下，开始召集军队，与他的结义兄弟张飞和关羽准备干一番大事业。

　　一次，吕布买马的钱被刘备的军队抢夺，吕布很生气，就派兵攻打刘备。刘备没有办法，只得逃走。其在逃跑的途中，遇到了曹操，于是就投奔了曹操。曹操这时候已经占据了许都（今河南许昌），汉献帝也在其手中。曹操的势力很大，最终打败了吕布。曹操对刘备很欣赏，就请汉献帝封刘备做了左将军。但是刘备对于曹操并不信任，他还曾经与董承一起密谋过要杀掉曹操。为了防止曹操知道这件事，刘备就整天在地里种菜，将自己置身事外，这样的状态就连他的两个兄弟看了，都觉得刘备是真的不想再问世事了。曹操本来就很多疑，对于刘备也随时都提防着。

　　曹操知道刘备整天就是种菜后，就召见了刘备。刘备对于要见

　　曹操很慌张，但是在表面上还是装着很镇定。曹操热着酒，与刘备在小亭中聊天。曹操和刘备都有些微醉，这时曹操问刘备在当今世上，谁可以被称作英雄。刘备听了这句话，被吓了一跳，随即酒也醒了几分，他琢磨着曹操的话，小心地回答了曹操的问题。曹操一直追问这个问题，刘备随便说了几个人，但是曹操均否定了，最终曹操说天下间的英雄只有自己与刘备两个人。这句话将刘备吓得够呛（qiàng），连筷子都掉在了地上。但是刘备很快就以雷声吓人为借口将这件事掩盖了过去，但是这件事也使得刘备对曹操更加忌惮。于是在曹操派刘备截击袁绍的弟弟袁术的时候，他就带着张飞和关羽逃走了。

　　刘备后来大败袁术，顺势占领了徐州。曹操对于放走了刘备很后悔，眼见着刘备的势力不断扩大，其开始进攻刘备，刘备无法抵挡，只能够去投靠袁绍。

官渡之战

东汉末期，地方割据势力壮大，时常爆发战争。北方最大的两个势力就是曹操和袁绍。袁绍军队人数多，而曹操则挟天子以令诸侯，两方势力不断出现摩擦。公元 200 年，袁绍命颜良率领大军攻打曹操，颜良成功渡过了黄河，并围困了白马（治今河南滑县旧滑县城东）。曹操采取声东击西的战略，骗取袁绍回救，曹操便奇袭白马，大败颜良的军队，颜良被杀。

袁绍战败后很生气，他便派文丑带兵追击曹操的军队，曹操军队的人数太少，完全无法抵抗文丑所率的大军。在紧要关头，曹操将很多武器装备随意丢弃在袁绍军队的行进之路上，而他则埋伏在左右。文丑的大军来到的时候，只顾着抢夺散落的武器，而忘了防御，曹军趁势出击，斩杀了文丑，大败袁军。袁绍连续失去两员大将，但他还是占有优势，所以他便带军追击曹军。这时候两个军队都来到了官渡（在今河南中牟东北）。

在官渡，袁绍见到曹操只是一味防守，便修筑了较高的台子，向着曹军放箭。曹军利用霹雳车将袁军的高台击垮。袁军见一计不成，又采取了地道战，但是依然没有效果。两军就这样对峙了好几个月，曹军的粮草最先开始告急，曹操就想要撤兵了，但是曹操的谋士却不让曹操这么做。而这时的袁军也出现了问题，许攸（yōu）请求袁绍赶快进攻曹军，袁绍非但不听，还辱骂了许攸。许攸在气愤之余，投奔了曹操。

曹操很高兴地接待了许攸，许攸了解到曹操的难处后，就为曹操出了一个计谋，让曹操去偷袭袁绍的粮草，这样就能够使袁绍主动退兵。曹操采纳了许攸的意见，连夜去偷袭了袁军的粮草。袁绍听到自己的粮草被烧光，反而想到要去进攻曹操的大营，但是其所派的军队大将却投降了曹操。袁绍的军队被曹操的军队打败，袁绍也只能够匆匆逃跑了。

官渡之战是一场典型的以少胜多的战争，这一战之后，曹操的实力得到了提升，而袁绍的势力则大大削弱。

孙策孙权踞江东

在北方战场打得如火如荼（tú，原形容军容之盛，现用来形容旺盛、热烈或激烈）的时候，南方出现了一个新的势力，它就是由孙策、孙权两兄弟领导的势力，这两兄弟后来在南方建立了东吴。

这两兄弟的父亲是原来袁术的手下孙坚。孙坚死在了讨伐董卓的战争中，孙策带着兵马投奔了袁术。但是袁术对于孙策有着很深的忌惮，孙策也能够感觉得出来。后来，孙策知道刘繇（yóu）赶跑了自己的舅舅并且掌握重兵之后，就觉得自己摆脱袁术的机会来了，于是他就向袁术请求出战。袁术同意了孙策的请战要求，同时给了孙策很多兵马。孙策带着这些兵马一直向南走，一路上积极地招兵买马。在其与自己的舅舅会合后，周瑜也来投奔孙策。

孙策本想渡江，但是江边可用的船只很少。这时候孙策看到江边有很多芦苇，于是就让士兵们扎芦苇渡江。

最终士兵们用了很多芦苇扎了无数的筏子，他们成功地渡到了江的东面，并且成功地打败了刘繇的军队。孙策进驻了曲阿（ē，治今江苏丹阳），他善待百姓，赢得了好的名声。过了一段时间，孙策又连续攻占了会稽等多个城镇，使得他的势力彻底占据了江东（今长江下游的江南地区）。孙策刚刚在江东站稳脚跟的时候，就遭遇了意外，他被刺杀，重伤不起。他知道自己时日无多后，就将大权交给了自己的弟弟孙权，并让张昭、周瑜辅佐孙权。

孙策死后，不满二十岁的孙权接位。但是很多将领都欺负孙权年幼，不服孙权的统治，周瑜和张昭在这个时候帮助孙权稳住了大局。然而，还是有人不服孙权。比如，李术。李术很不服气孙权，他不听从孙权的命令，而且还收留了很多的叛将，与孙权作对。孙权知道后，很生气，他就想要除掉李术。孙权知道李术受到攻击后一定会向曹操求援，于是就先写信离间曹操和李术，而且还告发李术曾经杀了曹操的手下，希望曹操不要再帮助李术。办完这件事后，孙权就开始攻打李术，李术得不到救援，很快就败了。

这次的战斗使得孙权的威望提升，后来，他又招揽了鲁肃等贤臣名将，使其在江东的统治地位得到了进一步的稳固。

三顾茅庐

　　袁绍在官渡之战后就开始变得颓废，投奔他的刘备见袁绍的实力已然不行了，就投靠了刘表，得到兵力上的补充后，就在新野（治今河南新野）住了下来。刘备将新野作为自己的落脚点，开始进一步计划怎样获取更大的利益，同时他也开始积极地找寻人才来辅佐自己。这时，他听说了两个有才之士，一个是卧龙先生，就是诸葛亮，另外一个就是凤雏（chú），名叫庞统。

　　刘备本身就是汉朝宗室，这使得其招收人才很方便。有一个叫徐庶的人也投奔了刘备，刘备对他很器重。徐庶投奔刘备后就将自己的朋友诸葛亮介绍给了刘备，刘备很高兴，想要立刻见到诸葛亮。徐庶就要求刘备亲自去请诸葛亮，刘备答应了。

　　刘备带着自己的结拜兄弟去徐庶所说的草庐来见诸葛亮。诸葛亮也就是孔明，他很小就失去了父母，自小就跟着叔父生活。后来叔父死了，他就自己盖了一个茅草屋生活。他常常将自己与管仲和乐毅相比较，认为自己的才华不输这两个人。很多人都嘲笑他，但是徐庶却很推崇他。

刘备急急忙忙来到草庐后，却没有见到诸葛亮本人。刘备不放弃，接连去草庐拜访。当时的天气并不好，又是风又是雪，但是刘备依然坚持等着诸葛亮，在接连碰了两次壁之后，关羽和张飞都不愿意等了。他们两个就劝刘备回去，刘备却执意要等。在第三次拜访诸葛亮的时候，他们终于见到了诸葛亮，但是诸葛亮却是在睡觉。刘备看到这种情况，也没有打搅诸葛亮，一直等到诸葛亮睡醒。诸葛亮见识到了刘备的诚意，很感动，于是就答应出山帮助刘备。

诸葛亮详细地分析了天下的形势，并且建议刘备与孙权联合，共同对付曹操，同时要利用自己的汉室后裔身份，提高自己的声望，得到百姓的拥护，只有这样才能够实现复兴汉室的目的。刘备对于诸葛亮很尊重，将其任命为军师。刘备曾感叹，得到诸葛亮，就好像鱼儿得到水一样。诸葛亮自出山以后，就尽心尽力地辅佐刘备，使刘备成为一方霸主。

赤壁之战

公元 208 年，已经实现北方一统的曹操开始向南方进攻。他主要的攻击对象就是刘表和孙权。而刘表在这时候去世了，其儿子刘琮接位。他听到曹操来进攻的消息后，就立刻投降了。这时，刘备也听说了曹操打来的消息，于是急忙向着长坂（bǎn）坡方向逃走，但是在长坂坡遇到了曹军，并且战败。刘备不得已只能够退到夏口（在今湖北武汉）。

到了夏口后，诸葛亮就要求刘备与孙权取得联系，共同对抗曹军。刘备听从了诸葛亮的建议，紧急找孙权商讨。本身孙权也想找刘备，但是他们两个人的军队人数即使加起来也无法对抗曹操的大军，于是他就一直没有表明自己的意思。诸葛亮深知孙权的想法，就向孙权叙说利弊，同时说出了对抗曹操的方法。孙权听了诸葛亮的话，就打定主意与刘备联合。

孙权任命周瑜统领军队，让他与刘备的水师会合，共同对抗曹军。就这样，曹军和孙刘联军在赤壁（今湖北武汉西赤矶山）对峙。曹军长期居于北方，很多人都不熟识水性，从而都有了水土不服之症。在前期的战争中，曹操的军队一直都处于劣势。曹操一直都在为自己的军队不熟识水性而犯难，后来他就听从建议，用铁链将船连起来，以防止船摇晃。而这样的方法，为周瑜的连环计提供了极大的便利。

黄盖认为对付曹军应该用火攻的方法，于是周瑜与黄盖就开始密谋一个"苦肉计"，想要将黄盖送到曹操处，并迷惑曹军。黄盖真的被打得很惨，曹操本来是不相信黄盖要来投降的，但是看到黄盖的伤势后就信以为真了。

火攻还需要一个条件就是东风，但是当时的天气很难有东风。这可急坏了周瑜，他甚至都着急到吐血了。后来，诸葛亮就安慰周瑜说他可以试着借东风。周瑜也只是将信将疑，但还是让人做好了火攻的准备。在一切都准备完成后，诸葛亮就开始"借东风"，果然，当晚就刮起了东风。曹军的大船瞬间被大火吞没，曹军被打败。此战过后，中原就形成了三足鼎立的局面。

神医华佗

赤壁之战曹操大败，曹操回到许都后一直郁郁寡欢，偏巧，他的小儿子曹冲也在此时患病死了，曹操这时候开始后悔将华佗杀死了。

华佗是东汉末年有名的医生，被人们称为"神医"。华佗自小就很喜欢研究医术，他治好了很多的病人，他最擅长的科目就是外科。而且他还研制出了一种可以暂时麻痹人神经的药物，那就是麻沸散。

华佗

一次，华佗在路上遇到一个肚子疼痛难忍的病人，经过华佗的诊断，这个人患的就是我们现在经常见的阑尾炎。于是他就让这个人服用了麻沸散，使这个人暂时昏睡。然后他用刀子划开了这个人的肚子，将溃烂的肠子取了出来，随后重新将肠子缝合。没过多长时间，这个人的病就全好了，连伤口也愈合了。华佗治病很注重对症下药，有一次他见到两个军官，这两个人表现出的症状基本上一样，但是华佗却开出了两种不同的药方。原来这两个人虽然病症相同，但是引发疾病的原因不同，所以要用不同的药方。这两个军官在服用了相应的药后，病均好了。

华佗为了能够提高患者的身体素质，还发明了一套健身操，这套健身操就是"五禽戏"。坚持做这套健身操，可以提高人身体免疫力，而且老人坚持做这套健身操，还能够改善视力和听力，强身健体。

由于华佗有着医者之心，而且医术超群，因此很受人们尊敬。曹操知道华佗的医术了得后，就将其召到自己的身前服侍。因为曹操患有头风病，一旦病情发作，很难忍受，而华佗是唯一一个可以控制曹操病情的人，所以，曹操就将其留在了自己的身边，只服侍自己一个人。但是华佗却心系万民，不愿只服务曹操一个人，于是他就偷偷地走了。曹操知道这件事后，就严令人将其抓了回来，并且将其关进了监狱。在监狱中，华佗感觉自己活不长了，就将其行医经验写成了一本书，这本书就是《青囊书》，但是没有人愿意为其保留这本书，他气愤之下就将这本书烧了。最终，他也死了。曹操后来又犯了头风病，开始后悔杀了华佗，但是为时已晚。

蔡文姬返中原

公元 216 年，曹操被封为魏王。其在北方的威望一时达到了顶峰，连匈奴也听说了曹操的大名，并派遣使臣来拜见曹操。曹操不仅是一个出色的政治家和军事家，还是一个著名的文学家。其掌权期间，曾

蔡文姬

经推动了建安文学的发展。而在推动建安文学发展的时候，他还把大文学家蔡邕（yōng）的女儿蔡文姬从匈奴接回了中原。

蔡邕有着很高的文学素养，精通音律，是有名的才子。曹操很钦佩蔡邕，也和蔡邕做了很好的朋友。后来，蔡邕得罪了宦官，于是被发配到了朔方（治今内蒙古杭锦旗北）。董卓专政后，蔡邕又被迫入朝当了官。而董卓被杀后，他也被牵连其中，虽然有很多人为他求情，但是他最终还是死在了监狱中。蔡邕有个女儿叫蔡文姬，很有才气，而且长得也很漂亮。她在六岁的时候，就能够清楚地分辨音律。

父亲死后，关中大乱，她就变成了流民，然后又被董卓部将抓了。董卓部将看她长得十分漂亮，就将她献给了当时的南匈奴左贤王。自此蔡文姬就成了左贤王的妾室。蔡文姬在匈奴足足待了十二年。十二年间，她受到百般侮辱，忍辱负重生下了两个孩子。

无论在匈奴生活得如何，蔡文姬都保持着落叶归根（也说叶落归根，比喻事物总有一定的归宿，多指客居他乡的人终究要回到故乡）的思想，这也是支持她活下去的唯一信念。她坚定的信念，也使得她终于迎来了救赎。十二年之后，曹操想起了她，便用很多钱将她赎回了中原。虽然她对于能够回到中原很高兴，但是自此以后她就无法再见到她的孩子，她为此很伤心，于是就写下了《胡笳（jiā）十八拍》这首琴曲歌辞。

蔡文姬回到中原后，就被许配给了董祀（sì）。然而，董祀没过多久就犯了杀人罪，被叛死刑，蔡文姬便急急忙忙跑到曹操处为自己的夫君求情。她在寒冷的天气中，穿着单薄的衣服，披头散发，赤裸双脚，跪在曹操的面前求情。最终曹操被她的话语感动，免除了董祀的死罪。

后来曹操询问蔡文姬是否还能够记得当初自己家中的各种藏书时，蔡文姬如实回答还能够记得几百本，曹操明确表示想要这些书，蔡文姬就将这些书全部都默写了下来。

蔡文姬

刘备建立蜀汉

在赤壁之战曹操战败后，周瑜就开始大力进攻荆州，最终夺取了荆州。而这时，马超也开始攻打曹操，但是却战败了。曹操战胜马超后，就开始进攻张鲁所在的关中。这时候益州的刘璋开始发愁了，他很怕曹操打过来。后来张松为刘璋出主意说可以联合刘备一起对付曹操。刘璋认为张松的话有道理，于是就赶紧联系刘备。

刘备在周瑜打下荆州后，就想要夺下这块地盘，理由就是原本这块地盘是刘表的，刘表死了，他作为刘表的本家人，有理由接管这块地盘。但是周瑜说什么都不同意。后来周瑜死了，鲁肃认为刘备对于东吴很重要，就劝孙权将荆州借给了刘备。刘备在得到荆州后，就开始打益州的注意。

正在刘备苦于没有借口夺下益州的时候，益州的刘璋来邀请刘备了。来见刘备的人是法正，他甚至当面劝刘备夺下益州，这使得刘备很意外。原来，张松以及

刘备

法正都认为刘璋无法保住益州，于是就打算另觅贤主，而刘备就是最佳的人选。刘备对于法正的意见还有些犹豫，但是他的谋士庞统却认为这是一个机会，对于刘备来说很有利。于是刘备不再犹豫，他将诸葛亮和关羽留在了荆州，自己则带着庞统等人到了益州。在益州，刘璋不仅为刘备提供了粮草，还为其提供了很多的武器装备。这时，庞统与张松都劝刘备杀了刘璋，但是刘备没有这么做。

后来，曹操攻打孙权，孙权便向刘备求救。刘备向刘璋要人马，没想到刘璋只给了刘备一些残兵和老弱士兵，这使得刘备很生气。而张松与刘备的勾结也正在这时被刘璋发现，于是刘备只能够带着人去攻打雒（luò）城。这次的战争一直持续了一年多，而庞统也在这场战争中死了。公元214年，刘备占领了雒城后，就开始进攻成都，同时诸葛亮与张飞、赵云等人也带着兵将来帮助刘备。刘璋这时候已经守不住了，于是就投降了。刘备开始进驻益州，自此以后，蜀汉粗具规模。

水淹七军

　　公元 215 年，刘备和孙权的矛盾激化，这使得两家的联盟关系有了裂痕。而在两家打得起劲的时候，曹操带领着大军来进攻汉中，并且成功地打败了张鲁，张鲁也投降了曹操。刘备知道这件事后，怕曹操进攻益州，不得已只能够与孙权讲和。

　　孙权与刘备两人商定以湘水为界线，两者互不侵犯，共同治理荆州。公元 216 年，曹操被封为魏王。公元 219 年，刘备亲自带兵攻打汉中。刘备带兵到了定军山后，黄忠迎战夏侯渊，并且杀死了夏侯渊。

　　曹操听说了夏侯渊被杀的消息后，就立刻带着兵马入驻阳平关。在这里两军对峙了数月，后来曹操知道无法取胜，就将汉中让给了刘备。同年，刘备自封为汉中王，任命关羽为前将军。关羽为了能够立功，就带兵亲自攻打樊城（在今湖北襄阳市樊城区），这就是历史上有名的襄樊战役。

　　在关羽包围樊城的时候，守将曹仁知道自己不是关羽的对手，于是就向曹操求援。曹操也害怕樊城失守，于是就立刻命令满宠、庞德以及于禁前往樊城，以解樊城之围。于禁到达樊城附近后，就将军队划分为七军。这是为了防止关羽将其军队一举歼灭而采取的方法。于禁还派了先头部队去试探关羽，关羽则大败于禁的军队。于禁了解了关羽的实力后，就不敢再出战了。

这时候正值夏季，雨水较多，连续的降水使得汉水的水位大涨，樊城以及于禁的大军都被汉水所淹。于禁见此情况，急忙将军队调到了高处。关羽抓住了这次机会，大举进攻还未站稳脚跟的于禁和庞德。于禁自知不敌关羽，于是就投降了。而庞德则一直带着士兵防守，关羽将庞德包围后，很多士兵都劝庞德投降，但是庞德却宁死也不投降。后来庞德的军队已经无力抵抗了，死伤无数，庞德无奈只好坐着小船逃走了。但是他的小船却在水上翻了，他被关羽抓了回去。关羽想劝降他，但是却遭到了庞德的辱骂，关羽一气之下，就将庞德杀了。

曹操知道这件事后，十分伤心。而关羽则因为此战之胜，声望提升，威震华夏。

关羽败走麦城

　　刘备夺取益州后，便着手处理曹操所留的人马，最终，刘备将曹操在益州附近的人马都打回了长安。如此刘备便在益州站稳了脚跟，并封自己为汉中王。刘备稳定了益州形势后，就命令关羽攻打樊城。关羽进攻樊城的时候，正好赶上汉水大涨，于是关羽水淹曹军，曹军大败，关羽趁机包围了樊城。

　　在樊城被包围后，曹操想到一个一箭双雕的主意，他写信告诉孙权这时候应该趁机去夺取荆州。曹操认为，只要孙权夺取了荆州，那么关羽就会回救，樊城之危就解决了。孙权果然听从了曹操的建议，任命吕蒙为大将，去进攻荆州。但是关羽对于荆州的防守还是很严的，于是孙权为了使关羽出现失误，就将大将换成了陆逊。陆逊很年轻，而且没有什么战绩，于是关羽认为其很好对付，对其的警惕心并不强。后来陆逊为了麻痹关羽，就给关羽写信，一个劲儿地夸奖关羽，这使得关羽骄傲自满，对于陆逊更不放在心上。后来，关羽将荆州的人马大量地调到了樊城，以对付曹军。孙权得知荆州的人马被关羽大量调走后，就立刻派吕蒙进攻荆州。吕蒙将其战船伪装成商船，在夜间趁荆州的防守不严的时候，突然出击，最终，吕蒙夺取了荆州。紧接着，吕蒙又带兵夺下了江陵（治今湖北荆州市江陵故城）和公安（今湖北公安）。

关羽对于失去荆州很气愤，又听说江陵和公安也失去了，于是就破口大骂吕蒙。同时，他也带着兵马来到了荆州，想要重新夺回荆州。但是其与吕蒙的军队刚一接触就败了，最后，不得已败退到了麦城（今湖北当阳东南）。孙权加紧对麦城的攻势，同时还劝关羽投降。关羽假借投降之名，实则想要逃走。孙权知道了关羽的想法后，就在关羽逃跑的道路上进行埋伏，最终活捉了关羽。

关羽被活捉后，一直都不肯投降，孙权无奈就将其杀了。得到关羽被杀的消息后，刘备痛哭到昏厥。而曹操则奖励了孙权，还上表请封孙权为南昌侯；后来曹丕称帝，又封孙权为吴王。

曹丕登基称帝

　　曹操一直都控制着汉献帝，但是其认为时机不够成熟，自己无法当皇帝，于是就只能做魏王。曹操有很多的儿子，但是其最宠爱的儿子就是曹丕和曹植。他想要在这两个人中间选一个继承自己的位置。曹丕一直都追随着曹操，有着丰富的带兵经验，而且其与曹操的秉性很像。而曹植更加喜爱文学，有着很出彩的文笔，同时也是有名的诗人。

　　曹操对于立谁为接班人很苦恼，曹操很倾向于曹植，但是众大臣都很反对，因为曹丕有长子身份。曹丕其实也有一定的才气，但是却比不上曹植，为此，曹丕忌妒曹植。曹丕常常在曹操的面前诽谤曹植，而且还利用曹植喜爱喝酒这件事，来打击曹植，使得曹操与曹植之间的关系逐渐疏远，曹植对于这样的情况也无力改变什么。最终，曹操立曹丕为继承人。曹操死后，曹丕就继位了。曹丕继位后，就想要将毫无实权的汉献帝废掉，自己当皇帝。

　　于是，曹丕就想到了要利用禅位这一做法，使自己登上皇位。曹丕的亲信中，有个叫华歆（xīn）的人，他受曹丕暗示，联合百官一起上书汉献帝，他们认为曹丕有才，希望汉献帝能够将皇位禅让给曹丕。汉献帝对于这样的事情一点儿也不觉奇怪，而且他也知道最聪明的做法是什么，于是他就接受了众大臣的提议，将皇位让给了曹丕，同时将玉玺也交给了曹丕。曹丕为了能够显示出自己不是强行得来的帝位，还在汉献帝禅位的时候，拒绝了。汉献帝后来就以公告天下的方式，表示自己是主动和自愿地将皇位禅让给曹丕的。

公元 220 年，汉献帝退位，曹丕终于登上了帝位。其将都城定在了洛阳（河南省西部），国号魏。公元 221 年，刘备也在蜀中自立为帝，国号汉，定都成都。公元 229 年，孙权也称帝了，其将都城定在武昌，国号吴。自此以后，东汉王朝彻底灭亡，中原真正进入到三国时代。

曹植七步诗

　　曹植是三国时期有名的才子，后世人都称曹植为"八斗之才"。曹植是曹操的儿子，也曾被曹操考虑立为接班人，这使得其遭到了兄长曹丕的记恨。曹操死后，曹丕继位，他一直都很记恨曹植，于是想尽办法要除掉曹植。

　　而在曹丕继位后，曹植也对曹丕心生怨恨，但是他没有办法，只能够终日饮酒消愁。因为此事，曹丕就将其召入了邺城，想要对他不利。曹丕的母亲知道了曹丕的想法后，就哭着求曹丕能够看在兄弟情分上，放了曹植，不要杀他。曹丕为了安慰母亲，只是说他欣赏曹植的文采，想要与他谈论一些文学上的事，而且曹植不知道约束自己，他只是想约束一下曹植而已。

　　曹丕虽然是这样说的，但是其做的可就不同了。曹丕让人将曹植带到了大殿中，并且很生气地批评曹植，说曹植凭借自己君王之弟的身份胡作非为。而且人人都夸曹植才华横溢，但是曹丕却指责他可能是提前就作好了诗，并不是即兴作诗，于是就要求曹植在七步之内作出一首诗，不然就要治曹植的罪。

　　曹植就要求曹丕出一个题目，曹丕就让他以兄弟为主题作一首诗，但是诗中不能够出现兄弟二字。曹植就按照曹丕的要求，真的在七步之内作出了一首诗，而这首诗就被后世人称为《七步诗》。《七步诗》中，暗含了曹丕残害兄弟的意思。这使得曹丕既生气，又羞愧，但是他也不好处置曹植，就将其软禁。曹丕一直都派人监视着曹植，曹植因为曹丕这样的做法而终日抑郁，最终死了。

　　曹植在被软禁期间，心情郁闷，于是就只能够寄情于诗歌。他在此期间作出了很多有名的诗歌，他的诗歌中有慷慨激昂的，也有艳丽无比的，总之其诗作得到了后世人充分的肯定。后世人都很同情曹植的遭遇，对他这个人也进行了肯定。而且谢灵运还对曹植做出了极高的评价，认为其有八斗之才。

陆逊火烧连营

由于关羽是死在孙权手上的，所以刘备对孙权很不满。在曹丕刚刚称帝，地位还不稳的时候，刘备称帝，世人称蜀汉先主，诸葛亮等大臣纷纷劝刘备先集中兵力攻打魏国。但是刘备却一心想要为关羽报仇，于是就开始攻打孙权。

孙权对于刘备的进攻也有些心慌，所以就想要与刘备求和。但是刘备不同意，甚至有些决绝地回绝了孙权的求和请求。孙权的大臣们听说了这件事，就一起上奏，说要联合抵抗刘备。于是孙权就任命陆逊为大将，去迎战蜀军。陆逊本身就不是武将，只是个读书人，而且年纪轻轻。为了防止下面的将官不服他，孙权还将自己的佩剑给了陆逊，要求陆逊可以将不服他的人直接斩首。

陆逊带着兵将，采取水陆两线进军。刘备带着蜀军一直到了长江南岸的猇（xiāo）亭（今湖北宜昌市东南），并在这里安营扎寨，声势很浩大。东吴的将领认为刘备不将其放在眼里，都很气愤，纷纷请战。而陆逊却阻止了他们。本来这些兵将对于年轻的书生陆逊来当大都督就很不满，现在他又不出战，大家都开始在背后议论他。陆逊就当作没有听见。而陆逊与刘备的这一对峙，一直持续了半年。

在这半年中，陆逊一直都在观察蜀军，他觉得时机成熟的时候，便召集众将官准备进攻，而且他已经想好了要采取火攻的办法来打退蜀军。

众将官这时候才对陆逊刮目相看，同时纷纷开始为作战做准备。晚上，天刮起了东风，陆逊看准时机，就命人点火，蜀军顿时被大火包围，刘备大军基本上全军覆没，刘备也战败逃走。他在逃跑的途中，还被吴军包围了，幸得赵云来救驾，才保住了命。后来刘备觉得自己无颜见成都的众大臣，于是就留在了白帝城。结果，刘备因为自责而一病不起了。

在大限将至的时候，刘备将丞相诸葛亮召到了榻前，并嘱咐他辅佐自己的儿子刘禅，并说如果诸葛亮觉得刘禅不好，就自己做皇帝。诸葛亮则表示，他到死都会辅佐刘禅的。后来，刘备去世，刘禅登位，就是蜀汉后主。

七擒孟获

刘备死后，蜀汉后主，也就是刘禅继位。刘禅继位后，就册封了诸葛亮，并将一切的事务都交给诸葛亮打理。蜀汉的南部当时一直都在闹叛乱，这使得蜀汉的地盘急剧缩减。诸葛亮认为现在还不是时候去平乱，于是他只是专心地发展蜀国的经济和农业，同时与孙权议和，稳定局势。

公元225年，诸葛亮认为大军可以去平乱了，于是他就整顿大军，准备平定蜀汉的南部。在诸葛亮带军出征前，他向马谡（sù）询问破敌的策略，马谡建议诸葛亮要以攻心为上，尽可能地收服南方部落人的心，使得他们可以真心归顺。诸葛亮很高兴，他认为这样的策略很有效。

诸葛亮带着大军进入到南中的时候，就打败了叛将高定，而少数民族百姓则在高定死后，推举孟获做了首领。孟获在知道诸葛亮带大兵来征讨他的时候，就立刻带着军队迎战。蜀将王平故意将自己的军队的旗帜弄得很乱，好引孟获来追。孟获果然上当，一直追了王平二十里路，然后他就被王平带到了埋伏圈中。孟获被蜀军包围，王平将其活捉了。

诸葛亮知道孟获被擒后，亲自见了孟获，并且要招降孟获，而孟获对于诸葛亮很不服气，诸葛亮于是就约定与孟获再战。诸葛亮将孟获放了之后，又重新整肃军队与孟获军队作战，而他与孟获的军队前后共对战了七次，孟获也被诸葛亮生擒了七次。孟获看到诸葛亮是真心对待南民的，因此对诸葛亮算是心服口服了，于是甘心归顺蜀汉。

诸葛亮收服南部之后，一些兵将就要求诸葛亮能够留一部分兵士驻扎在南部，以免南人再出现叛乱。诸葛亮则认为这样的办法不妥，他现在要北伐，正是用人之际，无法分出兵力来驻守南部，而且安排人在此驻守，会使得南人出现反感心理，于是诸葛亮就将全部的军队都撤出了南部。南部人也因为诸葛亮的信任，再没有发生叛乱，而且南部的人有的还参加了北伐战争。

马谡失街亭

公元 227 年，诸葛亮开始了他的第一次北伐。在这次北伐中，他先对祁山（在今甘肃礼县东）发动了进攻，但是无论他怎样进攻，祁山都没有被打下来，而祁山附近的三个郡却被诸葛亮打了下来。刚继位的魏明帝了解到这一情况后，就立刻派遣张郃（hé）率领大军来抵抗蜀军。张郃的到来也使得诸葛亮很紧张，其认为张郃进攻的主要地方就是街亭。于是他就想安排一个将领来守住街亭。

诸葛亮很满意马谡，任命他为先锋。为了保障街亭的安全，诸葛亮还将王平任命为副将，并且嘱咐马谡必须将士兵安排在路口，这样才能够抵挡住敌军。

马谡领令后就带着兵马到了街亭。马谡安顿好人马后，就开始在街亭的附近视察，马谡发现在街亭有一座高山，地势很险要，他认为将军队驻扎在高山上，凭借险要的地势，定能保住街亭。但是王平却劝阻他，王平认为，如果将军队驻扎在高山上，敌军就会对街亭形成包围之势，那么他们的军队就会成为困兽，最终，一定会败。但是马谡没有听王平的话，他只是给了王平一千的士兵让他留在路口，自己则带着大军到了街亭的高山上驻扎。

张郃带着大军到了街亭后，发现马谡将军队都驻扎在了高山上，于是就下令士兵在山下筑营垒，将高山团团围住。马谡发现了魏军的行动，立刻要求兵士们发起进攻，但是兵士们都不敢作战，在马谡连杀两人后，蜀军终于向魏军发起进攻。但是马谡的军队依然惨败。张郃将马谡的水源切断了，使得马谡的军队无法做饭和饮水，这使得蜀军军心出现了动摇。张郃看到这种情况，立刻下令进攻，马谡的军队抵挡不住，连连溃败，最终马谡只能够弃军逃走了。

在路口，王平接应了马谡，并且以疑兵之计吓退了张郃的追兵。马谡的大意，使得街亭失守了。而诸葛亮也因为失去了街亭，打乱了其战略部署，他只能够返回汉中。回到汉中后，诸葛亮就含泪将马谡斩首了，而他自己也因为用人不当，请求刘禅将自己官降三级。后来，诸葛亮继续北伐，由于立了大功，又恢复了丞相的职位。

鞠躬尽瘁，死而后已

诸葛亮虽然是个卓越的军事家，而且还打了很多的漂亮仗，但是他也有失败的时候，他五次北伐都以失败告终。于是诸葛亮就开始总结其五次北伐失败的原因，后来他发现是因为蜀地的道路太难走，粮草总是供应不及。意识到这一点之后，诸葛亮就开始制作一些特殊的运输工具，它们就是"木牛"和"流马"，这两个运输工具都是小车。

公元234年，诸葛亮又打算北伐，这次他带领十万大军出征。要出征之前，他还写了一份奏表上交给刘禅，这份奏表中的"鞠躬尽瘁，死而后已"更是为后世人所传颂。诸葛亮将蜀军带领到五丈原后，就驻扎在此地，做出了要长期与魏军对峙的准备。而东吴也在诸葛亮的劝说下，开始进攻魏国。这时候的魏国君主是魏明帝曹叡（rui）。他自己领着军队抵抗东吴的军队，而让司马懿带领大军与诸葛亮对峙。魏明帝对司马懿的命令就是只许守，不许攻。

司马懿在五丈原附近驻扎后，就一直按兵不动，诸葛亮就用激将法想要逼司马懿出手，但是司马懿都置之不理。蜀军一再挑衅，司马懿还能够忍住，但是魏国的其他将领们却忍不住了，他们纷纷请战，但是都被司马懿拒绝了。后来，他们又上奏魏明帝，但是魏明帝也是要求他们只守不攻。

魏军的将领们对此都很无奈，诸葛亮也知道了司马懿拒绝迎战的事情，但是其对于司马懿的意图很了解。诸葛亮继续每日派军挑衅，但是司马懿都不出战。后来人们就问司马懿为什么不出战，司马懿就说他在等诸葛亮病倒。原来，诸葛亮日夜操劳，身体本来就不佳，长途跋涉后，吃的东西又少，身体肯定抗不住。果然，诸葛亮没过多久就病倒了，并且病情十分严重。刘禅知道这件事后还让人来慰问。

诸葛亮知道自己时日无多了，就交代给刘禅的使臣一些事宜以及自己死后谁来接替自己位置的事情。最终，诸葛亮死在了五丈原。

司马懿装病夺权

司马懿

蜀汉在诸葛亮死后就不敢再发动战争了。这时候魏国的实力逐渐增强，同时，其朝廷内部的斗争也愈演愈烈。魏国当时最有实权的人就是司马懿，其本身就是士族子弟。司马懿在曹操在位时期就是曹操手下的重要将领，在曹丕继位后，更是得到了重用。

后来曹叡继位，司马懿所立的战功更多，地位显赫一时，声名威望更胜魏明帝。后来魏明帝去世，年仅八岁的曹芳（即魏齐王）继位，曹爽和司马懿则被选为托孤大臣。曹爽虽然也是托孤大臣之一，但是其无论在谋略上还是在资历上，都不如司马懿。曹爽从一开始就很忌惮司马懿，于是就采用明升暗降的方法，从司马懿的手上收回兵权。司马懿丧失兵权之后，他很不开心，而且很不满曹爽，但是司马懿目前的势力，还不足以与曹爽对抗，他也就只能够忍下这口怨气。

后来司马懿就日日不上朝，在家装病。曹爽对此表现得很开心，但他还是安排自己的亲信李胜去探听虚实。司马懿很快就明白了李胜的来意，早早就想好了应对的策略。其在李胜面前表现得十分虚弱，就连衣服也是让服侍的人帮忙穿上的，而且在与李胜谈话的时候，也假装听不清楚李胜说的话，并表示自己已经老糊涂了，说着话都能够气喘半天，而且在吃饭的时候还邋（lā）里邋遢的，完全是一副老得不行的样子。

李胜回去后就将这些情况告诉了曹爽，曹爽听后也逐渐放松了对司马懿的警惕之心。公元 249 年，魏齐王曹芳带领着曹爽等大臣去明帝陵祭拜。司马懿趁着这个机会，夺取了曹氏的兵营，并且威逼太后罢免了曹爽，同时还占领了兵器库。曹爽本来在郊区玩得不亦乐乎，忽闻此事，慌得已经不知道如何是好了。其认清时势，不得已只能够妥协，但是最终还是被司马懿以谋逆的罪名杀了。自此以后，魏国的政权就被司马懿独揽了。司马懿去世后，其儿子司马师接替了他的位置。

司马昭之心

魏齐王曹芳对于司马家有诸多的不满，最终被司马家废黜。后来，司马师又让曹髦（máo）做了皇帝。但是他这个皇帝完全是有名无实的，就连任命官员的权力都没有。魏国的权力全部都由司马师以及司马昭把持。

司马昭是司马懿的二儿子、司马师的弟弟。司马师去世后，司马昭就接替了他哥哥的位置。司马昭很有心计，他坐上了大将军的位置后，就开始积攒军功。他认为魏国之所以有现在的局面，全部都是依靠他们司马家，所以，他做一切事情都没有请示过皇帝，而且出行的排场也十分盛大。朝廷内部所有事情全部都是由他来决定的，曹髦根本没有插手的余地。

曹髦这个傀儡（kuǐ lěi）皇帝对于司马昭的行为越来越不满，他很怕自己会步了曹芳的后尘，被司马昭罢黜，于是他就想要先下手为强，铲除司马昭。

一天，曹髦召见了三名还比较听他话的大臣，他与这三个大臣商量着要铲除司马昭，将权力收回到自己的手中。这三名大臣对于曹髦的这个提议很震惊，随后，他们极力劝阻曹髦实施这一行为，但是曹髦认为司马昭这个人野心太大，而且其可能连称帝的心思都有，这件事连路人都可能知道，所以，他必须要废了司马昭。"司马昭之心，路人皆知"这一成语就是出自这个故事。

这三个大臣中的两个见无法劝阻曹髦，于是就秘密地向司马昭报告。他们认为曹髦的实力根本无法与司马昭对抗，为防止引火烧身，于是就告发了曹髦。曹髦与三个大臣商量完事情后，就带着一百多个童仆，手拿宝剑，怒气冲冲地来到了司马昭的住处。在司马昭府邸（dǐ）的门口，贾充拦住了曹髦，但是曹髦却严词喝止了贾充，贾充一时也慌了手脚，而贾充的一个手下成济这时却冲了上去，并且利用长矛将曹髦杀了。

司马昭没有想到自己的手下真的杀了曹髦，一时之间也不知道怎么办好了，他的谋臣为他出主意说要想办法将这件事掩盖过去，于是司马昭就杀了成济，并且立曹奂为帝，他就是魏元帝。

邓艾过阴平

邓艾是魏国的大将，其自小家境贫寒，为了生活，他就给富人放牛。长大后的邓艾先是从一个小官做起，但是他本人因为口吃，得不到升迁的机会。邓艾从小就喜欢看兵书，他很喜欢钻研兵法，同时，他也善于观察地形，尤其是险要之地，他会更加细心地观察当地的地形。虽然众人都嘲笑邓艾，但是邓艾却没有将众人当回事。

后来司马懿见到了邓艾，很欣赏他，就收他做了一个属吏。在司马师手握朝政大权的时候，他又被提升为南安太守，这使他有了发挥自己军事才能的机会。他在攻打蜀国的战争中，立了很多功劳。

公元263年，邓艾、钟会与诸葛绪奉命率领大军攻打蜀国。他们带着大军来到了阴平，并且要在此处截断姜维的退路。钟会因为进军速度很快，最先攻下了汉中。而姜维也很快摆脱了追捕，退守到了剑阁（今四川剑阁）。剑阁地势十分险要，属于易守难攻之城。

邓艾了解到这种情况后，就想要通过阴平潜伏到敌人的背后，打敌人个措手不及，于是他只带领了一支小型精锐部队深入敌后。他所走的路都是悬崖峭壁，很多地方都没有桥和路。当邓艾走到一条绝路的时候，邓艾不顾自己六十多岁的高龄，愣是用毡（zhān）毯将自己裹严实，然后从山崖上滚了下去。将士们看到邓艾如此英勇，也学着邓艾的样子滚下了山崖。邓艾的军队很快就绕到了阴平后身的江油，并且立刻开始攻城。江油的守军被打了个措手不及，于是很快就战败了。

诸葛亮的儿子诸葛瞻这时也带人前来迎敌，但是却被打败了，他只能够退守到绵竹。在绵竹，邓艾劝诸葛瞻投降，结果诸葛瞻将来使杀了。邓艾很生气，加紧进攻绵竹，结果却战败了。邓艾用威胁的口气说，他们是孤军深入，如果不能够攻下绵竹，就只能死。于是魏军更加英勇作战，最终，诸葛瞻战死。邓艾顺利地占领了绵竹后，就开始进攻成都，后主刘禅听信谗言，最终投降了。

阿斗乐不思蜀

　　司马昭稳定了魏国的朝局后，就打算统一中原，他先将目光瞄准了蜀汉。蜀汉在诸葛亮去世后，就一蹶不振，刘禅也因为没有了主心骨，而日渐消沉。后来，他开始宠信宦官黄皓，荒废朝政。而姜维作为蜀国的大将军，一心想要完成统一中原的心愿，其不顾士兵的疲累，也不管百姓的哀号，不断发起战争。

　　公元 263 年，司马昭眼见时机成熟，就命令钟会等人带领大军去攻打蜀国。姜维得知这件事后，就将消息通知了刘禅。而刘禅却询问黄皓的意见，黄皓就推荐了一个巫婆说她能够占卜吉凶。刘禅听信了黄皓的话，将巫婆请进了宫中。巫婆进行占卜后，让刘禅不用担心，也不用出兵，说魏国不会将他怎么样的。刘禅听信了巫婆的话，对姜维的话不理不睬，只知道一味地寻欢作乐。

　　钟会等人的进攻下，姜维、廖化以及张翼等都支撑不住了，只能够退到剑阁，凭借剑阁的天险，抵住了魏国的进攻。与钟会一起攻打蜀国的邓艾见无法攻下剑阁，就秘密绕道去攻打蜀国的国都成都。邓艾达到成都后，刘禅吓坏了，他不顾众大臣的反对，竟然让人写了降书，并且竖起了降旗，最终带着众大臣投降了。

得知刘禅投降后，姜维等人都羞愤难当，抱头痛哭。后来，邓艾占领了成都。姜维等人假意投降，但是却在暗地里挑起了邓艾和钟会的冲突。最终，姜维、邓艾以及钟会都在这场冲突中死了。

成都局势混乱，司马昭就将刘禅接到了洛阳，并且给了刘禅优待，这使得刘禅逐渐忘记了国破家亡的悲痛。后来，司马昭在酒宴上，还令人演了一遍蜀汉灭国的戏码，很多大臣都很伤心。只有刘禅看得津津有味，在司马昭问他是否还想着蜀汉的时候，他毫不犹豫地就回答不想。

司马昭听后，觉得此人实在是无情，不禁感叹即使诸葛亮在世，这样的国家也不会长久。自此以后，人们都用"扶不起的阿斗"来形容那些昏庸的人。

王濬收服东吴

刘禅投降后，司马昭便想要进攻东吴，但是他还没有行动时，就得病死了。公元265年，司马炎接过大权，并且于266年初废黜了曹奂，自称为帝，改号晋，司马炎即晋武帝。东吴在刘禅投降后就一直很担心自己的命运，东吴孙休每日每夜地担心，最终积郁成疾死了。他死后孙皓便继位了，孙皓是个十足的暴君，其在位期间，不仅滥杀功臣良将，而且还大兴土木，弄得民怨沸腾。这时候益州刺史王濬（jùn）上书司马炎，要求攻打吴国。吴国现在人心惶惶，没有可用的将才，正是进攻的最佳时机。同时，大将军杜预也上书请求出战，理由与王濬的一致。晋武帝看到两人的奏章之后，就决定要攻打东吴。

公元279年，晋武帝任命杜预为大将带领陆军进军东吴，同时任命王濬为水军统帅，与杜预一同进攻东吴。晋国共发动二十万大军，浩浩荡荡地向东吴挺进。东吴的孙皓知道了这个消息后，十分慌张，这时东吴丞相张悌自动请命，去调配兵马，这使得孙皓稍稍安心。

王濬为了能够打败东吴，用了七年的时间来建造战船，而且他还熟识水战，有着丰富的作战经验，这也是孙皓最为担心的。这时候孙皓的近臣岑昏则为孙皓出了一个主意，让孙皓打造铁链，将其横在江险要地，同时在铁链上打造锥子，尖头向上，这样就能够阻拦住王濬的大船。孙皓认为这个办法可行，就命令人照做。

王濬知道了这件事后，一点儿也不慌张，而是将木筏放上草人，浇上麻油，点燃之后放置到铁链处，将铁链烧断。烧断的铁链受到水流的冲击后，就撞击其他的链条，很快，所有铁链都被清除了。吴将张象见无法对抗王濬，就带领着兵将投降了。孙皓知道自己已经没有获胜的希望了，于是就让人将自己的双手反绑，带着众大臣出城投降了。

孙皓投降后，三国鼎立的局面就彻底结束，自此以后，中原由晋朝司马炎实现了一统。

两晋·南北朝

石崇王恺斗富

国家统一后，晋武帝自认为功劳很大，开始花天酒地。在晋朝的首都洛阳，有三个非常有钱的人，他们分别是王恺、石崇、羊琇（xiù）。其中王恺是晋武帝的舅舅，石崇是一位散骑常侍，羊琇是禁卫军中护军。

石崇曾在荆州担任过刺史。荆州水路交通发达，城市物产丰富。石崇在任期间，压榨百姓，纵容手下勒索抢劫，敛财无数，成为洛阳城的富豪。他为了炫耀自己的财富，四处搜集珍禽异兽，还造了奢靡的金谷园、绿珠楼，里面住着他高价买来的歌女。

刘实是石崇的朋友。有一次，他来到石崇家，突然肚子疼，便连忙跑去厕所。一进去，只见里面装修得富丽堂皇，刘实看到里面的大床和纱幔，误以为走进了石崇的卧室，连忙道歉。石崇听后，却哈哈大笑，说其实那个地方就是厕所。

而王恺凭借着自己皇亲的身份，大肆搜刮百姓，肆意妄为。他用糖水刷锅，用极为珍贵的细丝线编织成四十里长的屏障（屏风或阻挡之物，也有保护遮蔽的意思），以此来显示自己的富有。

石崇听说了王恺的做法后，把家里的蜡烛当柴烧，把香料当作粉刷墙壁的涂料，并且为了压过王恺，他用五彩的锦缎做了五十里的屏障，显示自己比王恺富有。

王恺听说此事后，便向晋武帝求救，晋武帝便派人把宫里珍贵的珊瑚树给了王恺，想要帮他出风头。

王恺得到珊瑚树便立即发帖，请文武百官来家里吃饭。饭后，王恺便提及家中有一件宝贝，想与大家一同观赏。王恺的侍女搬上早已准备好的珊瑚树，众人见那珊瑚树枝条匀称、棱角清晰，确实是上品，不禁连连称赞。

这时石崇慢慢凑上前去，王恺见状心里窃喜。然而令人意想不到的是，石崇随手拿起桌上的物件，向珊瑚树一丢，精美的宝物立即粉身碎骨。官员们都非常吃惊，王恺更是十分恼火，要求石崇赔偿。

石崇笑着答应，不一会儿，石崇的手下搬来了几十棵珊瑚树，每一棵都比王恺的更为精致。大臣们看得眼花缭乱，赞叹不绝。这时王恺才意识到自己确实没有石崇富有，只好作罢。

周处除"三害"

西晋时期，奢靡之风盛行，很多的官员都贪赃枉法。但是朝廷内，也不乏一些正直的官员存在，周处就是其中之一。周处升任广汉太守之后，就积极地将原来太守积攒下的三十多件案子都审结了。后来，他因为政绩优秀，被提升为御史中丞。他为人刚正不阿，敢于得罪权贵，惩治违法分子。

周处本是东吴人，其自小个子就很高，而且力气也很大。他很小的时候，父亲就去世了，所以他没有人管教，整天在外面玩，也不愿意读书。周处的脾气很不好，在外面总是惹事，当地的百姓都很畏惧他，讨厌他。当时在他家乡的南山上有一只猛虎出没，经常伤人和残害百姓家里的家禽，当地的猎户都不敢去猎杀这只老虎。

另外，在周处家乡的长桥下，还有一条大蛟，也经常出来害人。当地的人们就将周处、大蛟以及猛虎称作他们那儿的"三害"。有一次，周处外出闲逛，发现有个老人家愁眉不展的，他出于好奇就上前询问这个老人为何如此。这个老人一看是周处十分生气，和他说话的语气也很不好，还把他和大蛟、猛虎被人们称为"三害"的事情告诉了他。周处知道后，觉得很震惊，他并不知道原来大家这么嫌恶（wù）自己，于是他就想要铲除大蛟和猛虎，来为民除害，转变大家对自己的看法。

周处做出决定后，就带着弓箭和利剑上山了，并成功地杀死了猛虎。他把死虎带到了山下后，又去长桥下杀大蛟。他足足用了三天三夜才将长桥下的大蛟杀死。由于他杀大蛟的时间比较长，所以大家以为他和大蛟都死了，于是都很高兴，认为终于铲除了"三害"。可是周处在第四天却安然无恙地回来了，大家都很震惊。

当周处知道大家以为他死了而很高兴的时候，他突然意识到原来自己这么招人恨，于是他决定改过自新。他找到自己的朋友陆云，和陆云谈了自己的想法，陆云就鼓励他，称只要他坚持改过，就一定会有出息的。

在陆云的鼓励下，周处开始积极地读书，并且改掉了自己的不良习惯，渐渐地人们都开始喜欢上了周处，最后周处成为勤政爱民的好官。

愚笨的晋惠帝

晋武帝当政时期，奢靡之风盛行，官员之间喜欢攀比。晋武帝更是把天下统一看作自己的功劳，吃喝玩乐毫无节制，致使整个朝廷腐败不堪。

成天吃喝玩乐的晋武帝也有一块心病，就是太子司马衷。这个太子天生低能，众大臣都心知肚明，但却无法言说，只能暗自担心：如果这样的太子继承皇位，国家将会变成什么样子。

司马衷从小愚笨，为了培养他，晋武帝煞费苦心，换了几轮老师，但是效果并不明显。曾有大臣在宴会上，仗着酒醉暗示司马衷不适合继承皇位。晋武帝对此十分不悦，使得酒席不欢而散。从那以后，再也无人敢提起此事。

太子虽是个低能儿，但是太子妃却是个精明的女人。她知道皇帝的心意，并帮助太子写一些晋武帝要检查的文章。晋武帝看到这些文章后，非常满意，觉得自己的儿子也并不是那么一无是处，心中宽慰了不少。

晋武帝去世后，太子继位，史称晋惠帝。晋惠帝继位后只知道享乐，并不理朝政。一天他在御花园中游玩，听到池塘边有蛤蟆的叫声，便心血来潮地问道："它为什么而叫呢，为官家还是私人？"

身边的宦官们一时摸不清他的意思，不敢作声，直到有个胆子较大的宦官说："回皇上，蛤蟆叫的时候在哪里就是为哪里叫的。"晋惠帝才似懂非懂地点了点头。

有一年，遇上了灾荒年，尸横遍野。朝堂上，官员们正一起商量对策。晋惠帝听到此事后好奇地问："人怎么会被饿死呢？真是奇怪。"官员们回答道："百姓收成不好，没有粮食自然就饿死了。"晋惠帝听后说道："没有粮食，那他们做点肉吃，不就不会饿死了吗？"

官员们听后，虽然表面上没说什么，但是却暗暗感叹："真是个白痴，这样的人怎么会当皇帝！"贤良的官员更是对司马氏的统治十分担忧。

晋惠帝智商很低，对于朝政又不上心，因此，有些野心之辈就密谋着要夺权，朝廷安定岌岌可危。

八王之乱

西晋统一全国后的初期阶段，社会生产得到了极大的发展，这段时期在历史上被称为"太康之治"。晋武帝去世后，晋惠帝司马衷继位，在他继位的第二年就爆发了"八王之乱"。

晋朝建立初期，晋武帝总结前朝灭亡的经验后，开始大肆地分封同姓王，不仅让这些同姓王掌握军权，还兼管军政大事。这些同姓王最后大都发展成了地方割据势力，从而也为动乱埋下了祸根。

公元290年，晋武帝病重，下诏命汝南王与皇后的父亲杨骏一同辅佐皇帝。但是杨氏一族费尽心机，夺得了辅政大权。晋惠帝登基后，杨骏便凭借自己的身份，对政权进行操纵。

晋惠帝天生愚笨，对自己的处境和国家大事都不关心。但是皇后却是个善于玩弄权术的人。她不愿大权被杨骏独揽，就联合被排挤的楚王想要一起除掉杨骏。

公元291年，楚王司马玮对外宣称奉晋惠帝密诏，带兵从荆州进京，讨伐杨骏。他迅速地剿杀了杨骏及其党羽，后来，皇后又趁机将太后杀死。

最后，贾后假借晋惠帝密诏，要司马玮铲除司马亮和卫瓘（guàn）等人。司马玮立即照办了。贾后担心这些人被铲除后没有人能牵制司马玮，便当即称其伪造诏书，擅杀大臣，杀害了司马玮。

晋惠帝名义上是皇帝，但实际权力都掌握在贾后手中。她在朝中安插亲信党羽，独断专权，干了很多坏事。

贾后设计陷害太子，把他贬为平民。大臣们对此事十分不满，赵王司马伦趁机散播要扶植太子的谣言。贾后听后十分担忧，便派人杀了太子。司马伦利用大臣们对太子的忠心，打着为太子报仇的旗号，领兵闯入宫中，不等晋惠帝前来，便杀了贾后和她的党羽，也因此夺得了大权，成为丞相。

但是，司马伦野心勃勃，当丞相并不能满足他的野心，他尊晋惠帝为"太上皇"，并对他实施软禁，自己做起了皇帝。

他的篡位引起了其他同姓王的不满，他们都想夺权做皇帝。西晋前后经历了十六年的"八王之乱"，最后司马越成为胜利者。他毒死了晋惠帝，推司马炽（chì）为皇帝，也就是晋怀帝，此后朝政完全由司马越把持。

谈玄之风

魏废帝时期，玄学风靡。玄学中包含了很多大道理，有利于引导社会秩序，能够减弱社会上的封建之气。玄学比较尊崇庄子的自由精神，主张提倡由内而外地尊崇道德，究其根本，玄学追求的就是自然。

虽然玄学在这一时期很盛行，但是统治阶级却依然很残酷。司马懿、司马师以及司马昭一直在演绎着篡权的阴谋。在这样的背景下，杀戮不可避免。很多文人雅士都死于这样的政治斗争。另外，司马家为了掩盖自己的恶行，还控制言论，提倡儒家礼法，以制造出虚伪的道德现象。

西晋时期最为出名的玄学代表人物就是向秀和郭象，这两个人都曾经为《庄子》写注。虽然他们是玄学的代表人物，但是他们所提倡的玄学与魏废帝时期提倡的玄学却有着很大的出入。他们所提倡的玄学，完全是为统治阶级服务的，也就是为司马家服务，歌颂司马家的功德。

这样的虚伪与做作使现实中的知识分子很痛苦。他们有着清醒的意识，他们知道什么是对什么是错，他们歌颂真正的道德，想要获得个性的释放。在这些知识分子中，最著名的就是"竹林七贤"。这些人有着很高的音乐才华，同时又都是富有才气的诗人。在魏晋这个纷争不断地年代，他们提倡竹林风气，希望能够将原始的玄学发扬光大。他们倡导自然，追求自由。他们的思想与庄子不谋而合，冲击着当时的礼法，对于社会的发展产生了一定的积极作用。

总的来说，魏晋时期的谈玄风气有其自身的特点。在西晋中期，谈玄之人主要为王衍和乐广。王衍提倡的是一种"贵无"的主张，他谈玄主要是依据王弼以及何晏的思想主张来进行的，提出"以无为本"的主张。

而乐广提倡的则是以简练的语言来表达出义理，提倡旷达和不拘礼数。谈玄之风在当时也被称作清谈之风。这些人谈论的东西往往都脱离了现实，这样的谈玄之风也是在当时的社会大背景下产生的，在那样的环境中，这些人只能够通过这样的空谈来安慰自己。

李特组织流民

　　"八王之乱"给西晋时期的社会发展带来了极大的危害，百姓流离失所，生活于水深火热之中。连年的战争和自然灾害，使西北农民不得不出逃求生，从而成为流民。

　　在几十万的流民中，有三个兄弟，他们是李特、李庠（ xiáng ）和李流。逃荒途中，李特三兄弟经常照顾年老体弱的流民，因此受到流民的敬重。

　　流民到了益州，便寻求给有钱人家做工的活儿以谋生，但是当时的益州刺史不想让流民在益州生活。刺史罗尚准备把流民赶出关中，并在关卡处没收他们的财物。流民们得知后，都去找李特寻求帮助。

　　李特在绵竹设立了流民大营，收留无家可归的百姓，很快就收留了近两万流民。同时，李特派遣代表与罗尚进行谈判，希望可以延缓遣送流民的时间。罗尚假装答应他们的请求，却在暗地里准备袭击流民大营。代表非常警觉，注意到官兵有调动人马的迹象，马上把情况告诉了李特。李特听后当即组织流民，做好反抗官兵的准备。

　　果然，罗尚夜晚派兵来袭击流民大营。看到流民大营没有防备，带兵的将领以为有机可乘，便指挥军队冲击营帐。就在这时，流民大营传出锣声，早已埋伏好的流民用手中的武器与官兵抗争。最终，流民在李特的带领下击退了官兵。

罗尚看到落败的将领逃回营地，非常愤怒，命令他们再次攻打流民。在官兵的紧逼之下，李特不得不联合六郡流民，形成了自己的军事组织，自称镇北大将军。很快他们有了自己的根据地，李特不但严明纪律，还放粮救济百姓，为他们提供帮助。

罗尚见此，便假意求和，在谈判过程中，暗中派兵攻打流民，李特在战斗中牺牲。他的儿子李雄继承了他的位置。公元304年，李雄称王，后又称帝。

汉国灭西晋

各民族开始向中原迁徙的风潮始于汉魏，到西晋末年，中原已经广泛分布着各个民族。在政局动荡的时期，少数民族纷纷脱离朝廷统治，自己建立政权。从公元304年到439年，北方和巴蜀地区先后出现了十六个政权，史称"十六国"。

当时汉国的建立者刘渊，利用北方的民族矛盾和阶级矛盾率先起兵中原。在"八王之乱"中，匈奴的贵族们凑在一起商议，有人提议要趁乱夺回匈奴的地盘。这一提议得到广泛认可，但是他们缺少一个领导者，于是他们决定请刘渊做首领。

此时刘渊正在邺城，是司马颖手下的一名将军。收到消息后，他十分希望回匈奴做单于，于是便以安葬父亲为由请求回匈奴，但是被司马颖拒绝了。然而刘渊并没有就此罢手，他暗中集结人马，直到司马颖在"八王之乱"中失败。失败的司马颖这时候很看重刘渊，他希望刘渊回到匈奴后能够领兵帮助自己，于是司马颖就放刘渊回到了匈奴。

刘渊回到匈奴当上单于后，开始集结人马，帮助晋朝对抗其他的军队。他手下的人对此十分不解，于是找到刘渊寻求答案。刘渊回答，他之所以这样做，是为了得到百姓的支持。匈奴贵族都随母亲姓，所以匈奴的子孙刘姓居多，这么多刘姓匈奴后裔，都奉汉高祖刘邦为始祖，如果他们利用继承汉室的名义来夺取政权，就可以得到百姓更多的支持。

后来，刘渊打着反晋兴汉的旗号开始向晋朝征战，不断地打击晋朝，他的势力也在这一过程中迅速扩张。公元 308 年，刘渊称帝，都城建于平阳（今山西临汾西南）。刘渊称帝后，首先要灭掉晋朝，于是集中兵力攻打洛阳，但是却遭遇顽强抵抗，多次出兵无果。

刘渊去世后，他的儿子刘聪继位。新帝继续派兵猛攻洛阳，最终于公元 311 年成功占领了这座城市。晋怀帝司马炽变成囚犯，不久，他就被刘聪杀害了。长安的晋朝官员收到晋怀帝已死的消息，立即拥立晋怀帝的侄儿司马邺继位，称为晋愍（mǐn）帝。公元 316 年，刘聪攻破长安。晋愍帝也成为俘虏，最终被杀害，自此西晋灭亡。

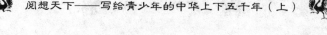

闻鸡起舞

西晋朝廷昏庸，战乱频繁，百姓生活困苦，整个西晋王朝都处于分崩离析的状态。此时的北方，匈奴贵族正在谋划伺机夺取中原。在这个动荡的时代，仍不乏有气节的将领，祖逖就是其中之一。祖逖原本并不喜欢读书学习，对于仕途也不在意，但是看到国家的遭遇后，他就暗暗立下了保卫国家的决心，并从此开始发奋学习，想要将来为国家献出一份力量。

祖逖的好朋友刘琨和他一样，都是想要保卫国家的有志青年。两人还曾一起做过司州（治今河南洛阳东）主簿，常常会一起看书，一起谈论志向。面对社会的现状，他们都痛心不已。一天，祖逖和刘琨谈到匈奴贵族的时候，都非常气愤，并表示一定要把他们赶出去。这一夜，两人都很兴奋，谈到很晚才入睡。

然而，一声鸡鸣把祖逖惊醒了，他看到天还没有亮起来，空中的月亮仍旧可以看见，就想起了睡前自己和刘琨立下的志愿，便叫起刘琨，想要和刘琨一起练功，将来保家卫国。随后，他便和刘琨说了自己的想法，刘琨听后十分赞同，两人就一起来到院子里练功。

　　就这样，无论春夏秋冬，两人都坚持鸡一叫就起床练功。"闻鸡起舞（后用来指志士及时奋发）"这个成语由此得来。由于两人的坚持，他们最终成为一代名将。

　　在匈奴控制并州时，晋怀帝派刘琨去做刺史。这时候的晋阳城无比荒凉，刘琨上任后组织士兵掩埋了战争中战死将士的尸体，同时加强了对匈奴的防备。他还派人帮助流民，并为他们重新建造家园。不到一年的时间，晋阳恢复了繁荣，就连匈奴也不敢再来挑衅。

　　后来刘聪继位，攻下洛阳。刘琨在这样的情况下坚持战斗。晋愍帝继位后，刘琨被封为大将军。

　　后来，石勒带领大军从北面进攻并州，刘聪在南面虎视眈眈。刘琨面对这样危急的形势也没有退缩，依然坚持战斗。虽然他一再坚持，但是依然没能挽回什么，还是战败了。最终，他还是没能保住并州，只能带着残余的军队逃到了幽州（治今北京西南隅）。